上海家长学校
中小学生心理健康教育系列丛书

孙晶 主编

和孩子共同成长

邹华华 著

上海人民出版社
上海远东出版社

图书在版编目（CIP）数据

和孩子共同成长/邹华华著.—上海：上海远东出版社，
2023

（中小学生心理健康教育系列丛书/孙晶主编）
ISBN 978-7-5476-1965-0

Ⅰ.①和… Ⅱ.①邹… Ⅲ.①心理健康—健康教育—
中小学—教学参考资料 Ⅳ.①G444

中国国家版本馆 CIP 数据核字（2023）第 223182 号

责任编辑 程云琦
封面设计 李 廉

**本书由上海开放大学
家庭教育教材开发与出版项目资助出版**

中小学生心理健康教育系列丛书
和孩子共同成长
邹华华 著

出　　版　**上海远东出版社**
　　　　　（201101　上海市闵行区号景路 159 弄 C 座）
发　　行　上海人民出版社发行中心
印　　刷　上海信老印刷厂
开　　本　890×1240　1/32
印　　张　7
字　　数　134,000
版　　次　2023 年 12 月第 1 版
印　　次　2024 年 6 月第 2 次印刷
ISBN 978-7-5476-1965-0/G·1195
定　　价　48.00 元

中小学生心理健康教育系列丛书

编 委 会

总序

随着经济的飞速发展和社会生活水平的普遍提高,人们的物质生活需求日益得到满足,全社会关于健康的观念也发生了很大变化。《国务院关于实施健康中国行动的意见》(以下简称"《意见》")中,把国民的心理健康提到了与身体健康同等重要的地位。《意见》进一步明确了个人与社会的关系和心理建设与社会建设的关系,呼吁全社会采取切实行动,并提出了考核要求。其中,青少年的心理素质因为关系到民族的振兴和国家的未来,更是备受关注。

对于青少年的成长发展来说,心理健康教育是提高中小学生心理素质的重要一环,是素质教育的重要内容。中小学生正处在身心发展的重要时期,随着生理、心理的发育和发展,社会阅历的扩展及思维方式的变化,特别是面对社会竞争的压力,他们在学习、生活、人际交往、升学就业和人格完善等方面会遇到各种各样的心

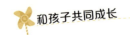

理问题。因此,全面开展中小学生心理健康教育,是学生健康成长的需要,也是推进素质教育的必然要求。

为了在"十四五"期间全面落实中小学生心理健康工作,2021年7月,教育部及相关部门相继推出各项重要政策:教育部办公厅发布《关于加强学生心理健康管理工作的通知》,在强调建设校园心理教育健康体系的同时,明确提出"增强学校、家庭和社会教育合力"的要求,规定"在家长学校、社区家长课堂中将青少年发展心理学知识列为必修内容",防止因家庭教育不当造成的孩子心理问题;中央宣传部、中央文明办等部门联合印发《关于进一步加强家庭家教家风建设的实施意见》,提出"推动社会主义核心价值观在家庭落地生根","引导家长强化主体责任,注重品德教育和心理健康教育,加强家庭文化建设,遵循儿童成长规律,用正确行动、正确思想、正确方法教育孩子养成好思想、好品行、好习惯,培养担当民族复兴大任的时代新人"。

家庭不只是人们生存所依的场所,更是心灵所养的土壤。

为了回应社会关切,响应国家号召,我们特推出了本套"中小学生心理健康教育系列丛书"。本丛书围绕"加强家庭教育建设,全面提升中小学生心理素质"的总体目标,充分体现"教育是一项激荡心智、沐浴灵府、贞立人格、彰显个性的活动",通过在家庭范围内普及教育学、心理学原理,结合传统文化、哲学、美学、社会学、生物学等综合知识,构建和谐心灵家园,构筑向上向善的家庭人文环境,引导学生、家长构建双向养育、共同成长的互爱、互助、互敬关系。

关于丛书的写作思路,我们希望能够以"深入浅出、寓教于乐"的方式激发个体内驱力,抓住时代进步的发展性,遵循社会伦理的普适性,注重理论知识与实际操作的关联性,不仅给予孩子成长宽厚的人文滋养,同时观照现代家长的精神修养,构建自我觉醒、关爱亲情、终身学习、绿色生态相融合的"和谐心灵家园"。

在作者的组织上,我们特地邀请了奋斗在基础教育一线的心理教师,有丰富教育经验的艺术工作者,有社会学与健康教育背景的高校教师,以期集结教育、心理、文史哲方面专家团队,通过不同的视角,为家长与孩子的沟通提供宝贵的知识与对策,共同实现丛书的教育总体目标。

本丛书从认识中小学生心理现象与规律、开拓启智增信路径、重视人生理想规划、构建和谐亲子关系、分析常见心理问题等方面展开论述,通过对知识原理、场景设计、案例分析、指导意见等板块的精心设计,让家庭心理教育内化于心、外化于行。

在快节奏发展的时代,更需要给尚未成熟的青少年养护心灵的时间。《走进孩子的内心世界》一书,从当今中小学生遇到的普遍烦恼切入,结合心理学基本原理,帮助家长与学生认知日常生活中的各种心理现象,以及背后所蕴藏的心理发展规律,帮助家长与学生共同面对心理问题,探索内心世界。

少年时期的主要任务是学习。学校是青少年学习文化科学知识的主课堂,但家庭才是他们人格形成的第一课堂,父母才是他们人生的第一位老师。此外,要塑造健全的人格,还必须适时了解社会、适应社会。为了担负起第一位老师的职责,年轻的家长一定要掌握寓教于乐的教育方法,循循善诱,让孩

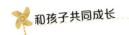

子们在潜移默化中形成健康的心理,以便将来顺利地融入社会,成为有益于社会的人。

《寓教于乐也能称心如意》一书通过阐述德育、美育、劳动教育在中小学生心理意识形成中的重要意义,指导家长在学校课堂教学以外,合理利用身边资源增强学习氛围,如参与运动、艺术、烹饪、种植等社会实践,前往博物馆、美术馆、历史遗迹等场所充实课外知识,丰富学习方法,提高生活乐趣,于无形中帮助孩子提升学习兴趣、探索精神、责任意识,起到调节情绪、启智增信的教化作用。

在家庭教育中,如何处理好亲子关系无疑是十分重要的。《和孩子共同成长》一书聚焦社会关注的中小学生心理健康问题,归纳提炼具有时代精神与实际意义的心理话题,通过案例的分析与解读,为家长提供具有普遍性、代表性的青少年心理行为问题的认识、预防、干预方法,普及心理服务体系,提供心理建设多元视角。与此同时,引导家长科学看待心理健康问题,帮助学生克服精神压力与恐惧心态,共同参与到心理健康关爱行动之中。

每一个生命都是独立的个体,不论是在亲子关系还是社会人际交往之中,都需要充分尊重彼此的人格独立性,才能更好地构建稳固、长远、和谐的关系。

本套丛书以爱的教育为切入口,将家风建设与文明社会建设相结合,深入探讨父母的人格显现在孩子生命成长过程中的重要引导作用,以关爱自身、尊重生命、追求美好为理念,揭示亲子沟通之道。

陪伴有你,成长有爱。

愿每一个孩子都能够顺利度过心理上的断乳期，为进入成年社会，承担更多的社会责任奠定坚实的心理基础。

愿每一位家长都能够与孩子顺畅交流，实现有效沟通，增强彼此之间的相互理解，共同谱写家庭的和谐之声。

愿每一个家庭都能通过这套丛书有所受益，让小家之美融入大家，形成独立自主、仁爱互助的美好社会风气。

王伯军

2023 年 10 月于上海

　　认识到不一定能改变，但是认识到是改变的第一步。

　　梁漱溟说，人不是可怜，是悲惨，悲惨在于受限于自我。我们一出生就带着各种结构、各种枷锁，有的枷锁是社会给的，有的枷锁是爹妈给的……所以，我们需要"自觉"，有"自觉"才有自由，有"自觉"才有下一代更大的自由。

　　"自觉"是为了什么，是为了切断不及格教育的代际传递——种种过往，到我为止，我千辛万苦地挣扎摸索，就是为了不把我经历的让我的孩子再经历一遍。命运会不会重演，取决于我们的反思、觉知的程度和改变的勇气。

　　王阳明说，在知中行，在行中知。世上不存在"准备好"，养育的本质也真是如此——不是准备好一切才能迎接一个新的生命到来，而在于是否准备好和新生命一起迎接更好的自己。

　　我们引用梁漱溟、学习王阳明，是因为儿童

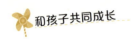
心理、家庭教育如果完全抛开哲学，很多问题可能会停在"技"的层面，而人，很多内心的问题，到头来，都是要回到哲学、社会学。其实全球顶级家庭教育专家，都会表达相同的意思——在对孩子的教育中，价值教育要占据制高点，就是教会孩子怎么看待这个世界，怎么看待人生，怎么看待自己，怎么看待父母，很大程度上就是父母自己怎么看待这个世界、怎么看待己与人，怎么过好这一生，怎么爱与被爱！

父母之爱，是上天赐予子女最好的礼物，每个人来人世走一遭，必定经历荆棘和不平，但是带有一份无关性别、不论优秀与否的无条件的爱，他就具备了出生的"正当性"，就能奠定穿越人生迷雾的底气。

本书还会强调，亲子关系最健康的模式就是，"你知道我爱着你，我也知道你爱着我，但是，你是你，我是我"。

诚如纪伯伦在《先知》中所说：

你的孩子，其实并不是你的孩子，他是生命对自身的渴望而生的子女。他借你而来，却非因你而来，他与你在一起，却不属于你。

你可以给他以爱，却不能给他以思想，因为他有自己的思想。你可以庇护他的身体，却不能庇护他的灵魂，因为他的灵魂属于明天，属于你的梦境也无法到达的明天。

邹华华

2023 年 10 月 2 日

目录

第一章　难度不断升级的父母之考

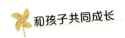

第一章

难度不断升级的父母之考

第一节　给孩子什么样的爱

一、最好的礼物：无条件的爱

我来到这个世上，有且只能有一个理由，那就是因为爱，无条件的爱。不讲道理，没有条件，就是我存在于世最大的理由。不管我是谁，我优秀与否，我都值得被爱。我的存在，我来到这个世界上本身就是合理的。

于是，我才能获得圆满！

有奶就是娘？有爱才是娘！

我们都知道吃东西、活下去是所有生物的原始本能。幼崽在睁开眼后吃的第一口奶来自母亲，就此建立亲密的母子关系，就是俗话说的"有奶就是娘"。长期以来在人类的认知范畴中，养育关系的建立和第一步都是通过喂养完成的。把一个小狗崽抱回家，通过投喂食物，从而建立起亲密关系，并通过食物的控制完成服从训练等等，这就是我们习以为常的一般认知——孩子对母亲的依恋是建立在喂养基础上的，直到恒河猴实验。

猴子小花刚刚生下来,就被哈里强行从亲生妈妈那里带离。饥肠辘辘的小花不得不面对两个选择:一个是铁丝妈妈,另一个是绒布妈妈;铁丝妈妈的胸前挂着奶瓶,绒布妈妈没有奶。小花会选择哪个妈妈?

结果所有参与实验的婴猴都选择了没有奶瓶的绒布妈妈;有的婴猴甚至饿极了也不愿过去,把身体挂在绒布妈妈身上,只把头探到铁丝妈妈那边吃奶,吃完马上又回到绒布妈妈怀里。哈里在绒布妈妈身上放铁钉或者射水柱来攻击猴子,但它们还是义无反顾地要抱住妈妈。实验中只有奶水养大的猴子无一例外地出现自闭、反社会或攻击性行为,长大后母猴不能发挥母性的天性,反而忽略照顾甚至杀死幼猴。①

在恒河猴实验中,人类第一次看到"爱",相比食物,柔软、温暖、依偎和拥抱在灵长类动物的成长中更加关键,这也是科学家第一次将人类情感纳入科学的研究范畴。

母亲总有一天不再分泌乳汁,孩子却依然爱着母亲,因为他们感受到爱,保持对爱的记忆,"只有奶水,人类绝对活不久"。②

科研人员用"残忍"的实验手段得出温情的结论:要想孩

---

① "恒河猴系列实验"是 20 世纪 50 年代末美国威斯康辛大学心理学家哈里·哈洛做的一系列实验,是心理学经典实验之一,颠覆了之前行为主义代表人物华生的生理需求论,对整个心理学界的研究和理论产生了深远影响。详见本节深度阅读 2。
② 哈里在恒河猴系列实验之后得出的著名论断。

子健康成长，就一定要为他们提供触觉、视觉、听觉等多种接触性的关爱；亲子关系的核心不是"有奶就是娘"的逻辑，而是——有爱才是娘！

无条件的爱

无条件的爱对于孩子来说至关重要，如果无法在父母那里获取，终其一生，都会本能向外索取，令其困扰不已。比如一个有趣的观影现象：为什么"霸道总裁爱上我"的桥段（或者小说）怎么演都演不完，没完没了还有那么多学生爱看呢？首先我们要来看看符合什么条件才是小女孩心目中的霸道总裁。我问过我的学生："你们觉得霸道总裁要是什么样的？"答："要有钱。""要长得帅。""要有地位。"……

我继续问："还要有什么，而且非常关键？"一个男生说："要霸道！"哈哈哈哈哈，学生们笑翻了。

霸道总裁不是要霸道，是要深情，要专一，要万花丛中过、片叶不沾身。没有这一点，见一个爱一个，有钱有颜这些就通通都是负值，简称"海王"。周边的美女都爱他，天下所有的女人都爱他，但是他只爱一个。

爱谁？

爱我！

接下来我们要看："霸道总裁爱上我"的这个"我"是什么样的？

首先，能不能有钱？

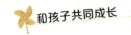

不能！我有钱，保不齐是看上我家的钱了。

能不能身材火辣，像模特一样？

不能！登徒子。

那他爱上的是什么样的"我"？

是"平凡如我"。

所以"霸道总裁爱上我"的经典剧就是流行花园 F4 和其貌不扬、家底平平，就像现实世界中平凡如你我，丢在人堆里找都找不出来的"杉菜"。那么，这么优秀的男人为什么就独独爱上"我"，还爱得死去活来、情深不寿了，讲不讲道理？

不讲道理！

他就是这样没有道理、一塌糊涂地爱上了"我"，这就是心理学中"无条件的爱"。

我们都知道电视剧就是造梦，那么世界上有没有人可以给我们无条件的爱，也应该给我们无条件的爱？有，没错，就是父母，把我们带到世界上来的人。

无条件的爱对我们每个人来说都非常重要。因为，没有理由就是我们存在于世最大的理由。暗含的道理就是，不管我是谁，我优秀与否，我都值得被爱；我的存在，我来到这个世界上本身就是合理的。

于是，我们才能获得圆满。

如果我们没有获得过充分的无条件的爱，潜意识状态下就会不断地去寻找、去弥补，你看很多女生在恋爱、婚姻中"作"来"作"去，她就是要一份无条件的爱。

如同斯科特·派克在《少有人走的路》中所说：父母的爱是最珍贵的礼物，若子女无法从父母处获得，则终其一生都将苦苦追求，然而哪怕鏖战一生，也常常会以失败告终。

无条件的爱 ≠ 满足孩子各种需索

无条件的爱不是满足孩子的需求，答应孩子所有的需索，甚至是无理需求。那是对无条件的爱的最大曲解。无条件的爱是——不管我优秀与否，长相如何，"性（别）甚名谁"，我都值得被爱，被父母无保留全然地爱着！

对每一个孩子而言，他的降生因爱而来，他的临世光芒万丈，可以奠定面对人生艰险最基本的底气。对于父母来说，如果没有做好爱的准备和储备爱的能力，那就要慎重抉择。

有爱，比有钱重要。

深度阅读 1

无条件的爱

在心理学中，"无条件的爱"（Unconditional love）指的是无条件的父母关爱或无条件的情感支持。这个概念源自心理学家卡尔·罗杰斯（Carl Rogers）的人本主义心理学理论，也被称为"人本主义的无条件正面回应"。

在罗杰斯的理论中，无条件的爱是指父母或关爱者对孩子或他人的一种无条件、非评判性的爱和接纳。这种爱不取决于个体的行为、表现、成就或其他条件,而是将个体本身看作是有价值的、值得被尊重和接纳的。

这种爱的表达是通过给予情感支持、关怀和理解,而不是对他人的行为进行批评或否定。无条件的爱有助于建立个体的自尊和自信,促进其个人成长和发展。

在家庭关系中,父母向孩子表现无条件的爱是非常重要的,因为它可以帮助孩子建立安全感和信任,有助于塑造健康的依恋模式,促进孩子的心理和情感发展。

深度阅读2

恒河猴实验

恒河猴实验(Harlow's monkey experiment),也称为哈洛实验,是由心理学家哈里·哈洛(Harry Harlow)在20世纪50年代和60年代进行的一系列实验。这些实验旨在研究灵长类动物,特别是恒河猴(猕猴)的母爱和社会行为。

在这些实验中,哈里将幼猴隔离开来,让它们与两种不同的人工"母亲"进行互动。这两种人工"母亲"的形状和材质不同:一种是由铁丝骨架和木制头部构成,上面有一个奶瓶供猴子吸食食物;另一种是由柔软的毛绒布料制

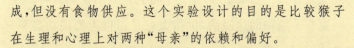

成，但没有食物供应。这个实验设计的目的是比较猴子在生理和心理上对两种"母亲"的依赖和偏好。

哈里的实验发现，尽管柔软毛绒布料的"母亲"没有食物供应，但幼猴倾向于选择它作为亲近对象。这表明，幼猴对母爱和安慰的需求比仅仅满足生理需求更为强烈。哈里还观察到，当猴子感到不安全或受到威胁时，它们会寻求柔软的母亲以获得安慰和安全感。

同时，这些实验也引发了伦理上的争议，因为幼猴在实验中遭受了严重的情感创伤和心理压力。尽管哈里的实验方法备受争议，但它对理解婴儿和幼儿的早期依恋和社会行为产生了深远的影响。

二、我该如何爱我的孩子

如果你爱一个人，就欣赏他、肯定他。

如果你恨一个人，就要抓住所有机会否定他，哪怕是擦一张桌子，也要说："你看你，连张桌子都擦不好，你还能干啥！"

他人的爱和认同

"我们在这个世界上辛苦劳作，来回奔波，是为了什么？所有这些贪婪和欲望，所有这些对财富、权力和名声的追求，其目

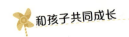

的到底是什么？归根结底，是为了得到他人的爱和认同。"

亚当·斯密的这段话，说得太好了。世人都说功名利禄，但只说对了一半，他人的爱和认可，才是正途。

那么一个人怎么才能够体会到他人的爱？

是通过贬损、挖苦、打击和否定吗？如果这样对我们的人是路人甲，我们是不是有挥拳相对的冲动？

如果这样对我们的人是父母，那就只能"以爱的名义"进行！而我们是不是有人，在以爱的名义对孩子打击和否定，而且孩子还不能反抗？

一个路人都不能通过这样的方式体会爱，凭什么孩子就可以，天底下哪有这样的道理？

夸一夸你的孩子吧

欣赏和认可对于孩子，甚至那些一般被认为朽木不可雕、破罐子破摔、毫无优点的"坏孩子"来说有多么神奇的力量，哪怕只是一点点的欣赏和赞美？德国心理学家保罗娜·肖伯特提供了一个案例。①

> 我下定决心去完成我的作业，在 14 岁女儿身上寻找积极的一面。我们的关系早就破裂了，已成冰封状态。我

---

① 案例来源：保罗娜·肖伯特. 做强大而不强势的父母［M］. 李兴，译. 北京：中信出版集团，2022：28—30.

们总是因为学校的事情吵架，她只知道干傻事，已经受到学校一次警告了。学校通知说如果继续这样，她就会被开除。我们还会因为她那些朋友吵架。他们对她的影响很坏。在家时她什么家务都不干，我们一见面就对彼此大吼大叫。真的很可怕！

但我还是很努力地去找，想在她身上至少找到一个优点，可惜还是没找到。三天后我想放弃了，真的很糟糕。我很惶恐，充满负罪感。我感到悲观绝望，在她身上我什么都做错了。

不过，之后我脑中突然飞出了那句话："也许是一双美丽的眼睛。"没错，就是这一点！她确实有一双非常漂亮的棕色大眼睛！

于是我抓住这一点，一有空就观察她那双美丽的眼睛。女儿当然也觉察到了，对我嚷嚷道："看什么？有什么好看的?！"

"你的眼睛实在太漂亮了！"我说完就躲进了厨房。

第二周刚开始，女儿就告诉我，班主任邀请我去谈谈。她用最恶毒的话咒骂这位老师。我当时的第一反应是真的什么努力都不想做了，不想去学校，希望最好再也不要跟这个女儿有任何关系。我仿佛看到跟老师谈话时的画面：她对着老师大吼大叫，当着我的面谩骂老师，让我无地自容，恨不得找个洞钻进去。

　　不管怎样，我还是跟她去了学校，心想这可能是最后一次！我双腿颤抖着走进谈话室。老师给我简单介绍了几名同学之间的争吵经过，说他们最后互相威胁要打一架。老师怀疑我女儿参与其中，而且还是事件的主谋。让我十分诧异的是，我的女儿态度平静、逻辑清晰地阐述了她的立场。她的理由清晰且有说服力，以至于那位老师都认同了。我女儿应该还试图劝阻过她的一个同伴不要参与斗殴。老师从其他几名没有参与事件的同学那里其实已得到了差不多的答案，这就证实了我女儿所说的话的真实性。我的女儿没有对老师出言不逊。我从未见过她的这一面！我惊讶得说不出话来。

　　从学校出来后，我告诉她，我非常欣赏她在刚才那场谈话中的优秀表现。我自己14岁时，根本不能像她现在这样，表现得如此成熟、勇敢。她能和老师如此平等地交流，实在是让我佩服！

　　"妈妈，"就在这时，女儿说，"我们要不要一起去吃个汉堡包？"

　　"好，为了纪念今天这个日子，咱们去。"吃完后，女儿小心地问道："妈妈，我们要不要到市里逛逛？"我有些迟疑。以前每次跟她逛街结果都一塌糊涂，还会惹来争吵，所以我很久没跟她一起逛过街了。

但她用那双漂亮的棕色眼睛看着我，十分可爱，又带着点不确信的恳求，让我就算还有顾虑，也无法拒绝。

这是半年多来的第一次，我们终于又一起去逛街了。晚上睡觉前，女儿跑到我的房间说："妈妈，今天过得真开心。我们要不要尽快再约一次？"

中国人在"赞美"和"欣赏"上素来是吝啬的，仿佛夸一下人能掉几斤肉，尤其吝啬夸自己的孩子，唯恐他上房揭瓦、不能自已。溺爱其实和欣赏、赞美是两回事。

被人肯定、被人夸奖是一种极其美妙的体验，不管对哪个年龄段的孩子来说，师长权威的夸赞鼓励都是非常重要的，尤其是在公开场所，越是日常表现平平抑或不尽如人意的孩子，对此越是渴望。

有这样一段视频。

老师：LHR同学在2020—2021学年第一学期整体表现平平，但老师总是坚信你会变得更好，特评你为"最具期待小明星"，请接奖状。

小男生喜极而泣。

老师：大声告诉我刚才你跟我说的话！

男生：我能变得更好。

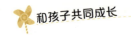

老师：声音不大。

男生：(大声)我能变得更好!

老师：对,你一定能变得更好。我相信你,你相信你自己不?

男生：嗯。

老师对着全班同学：你们相信他不?

全班同学：相——信!

夸奖对于叛逆期的孩子来说是一种很有效的改变其行为的方式。夸奖并不是一定要给予财物的奖励,而是鼓励孩子做得好。及时夸奖会让他们产生很大的逆转,因为有时他们只是需要别人的承认和尊重。

被明确感知的爱才有效

身为父母,我们经常想当然地认为："我哪会不爱自己的孩子,我的孩子当然知道我爱他。"那么,就需要问一下你的孩子："从哪些事情或者细节上你能感受到爸爸妈妈的爱?"

孩子应该在明确感受到被爱的状态下成长,只有亲身体验到父母的爱,孩子才有能力爱自己,才有可能在未来的人生岁月中,将这份爱给到伴侣和自己的下一代。

人,是没有办法给别人自己不拥有的东西的!

我们可以通过一些具体的言行来释放爱的信号,比如,花点时间陪伴他,赞美他,给他一个拥抱,给他一些尊重,理解他,鼓励他,用自己的眼神、手势,或者一个面部表情来表达我们对孩子的理解和欣赏等等,让孩子在父母的关爱中感受到安全,让他们明白自己身上有着无可替代的价值。

当孩子感受到父母的关心和爱护时,他们就能学会接纳自我,不再害怕和孤立自己,也不会总是抱着偏见去面对他人。

不论孩子多大还是多小,他们都需要被肯定和认同,他们需要知道父母因他们的到来而高兴,他们也需要感受到自己的生命受到珍视、受到关注——"我"不必做任何事情就足以赢得父母的爱,"我"的降生本身就是合理的。

这就是一个人出生的"正当性"和穿越人生迷雾的底气。

从心理学的角度看,我们也可以把这称为"正当感"。"正当感"是一种自我认同感,能够帮助个体正确认识自己,理解他人,树立信心的重要力量。当一个孩子在成长过程中得到适当的引导和教育,被赋予良好的价值观念和道德准则,并且经常受到鼓励和认可时,他们更容易形成内在的"正当感"。这种"正当感"可以帮助他们在人际关系中保持真实和坚定,不会过度依赖外部认同和赞赏,而是依靠自己的内心来评价和肯定自己的行为。①

"正当感"的存在可以促使个体更加自信和独立,减少对外界评价的敏感性,并且有助于塑造健康的情感世界。它为

---

① 沙法丽·萨巴瑞.父母的觉醒[M].王臻,译.上海:上海社会科学院出版社,2013:31.

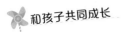
个体提供了一种内在的指引和参照,让他们能够根据自己的价值观和道德准则来做出决策和行为,从而更好地体验和适应成年人的生活。

深度阅读

道德情操论

"我们在这个世界上辛苦劳作,来回奔波,是为了什么? 所有这些贪婪和欲望,所有这些对财富、权力和名声的追求,其目的到底是什么? 归根结底,是为了得到他人的爱和认同。"

"意识到被人所爱,自有一种满足感,对一个心思纤细与感觉敏锐的人来说,这种满足感带给他的幸福,比他或许会期待的那一切可能从被人所爱当中得到的实质利益更为重要。"

这两段无与伦比的话出自亚当·斯密的《道德情操论》(*The Theory of Moral Sentiments*),是他关于道德和伦理哲学的重要著述。这本书与他后来的《国富论》(*The Wealth of Nations*)一起构成了亚当·斯密对人类社会和行为的全面分析。

在《道德情操论》中,亚当·斯密认为人类道德判断是建立在对他人感受的共情基础上的。他强调人类有一种天生的同情心,通过感同身受他人的情感和经历,我们能够对他人的处境和行为产生共鸣,从而形成对善恶的道德评判。

亚当·斯密认为,人们追求别人的认可和善意,这种追求推动着我们在社会中表现出道德行为。我们关注他人的反应,从而调整自己的行为,以获得社会认可和同情。这种"审美情感"和"谴责情感"对于道德行为的塑造起到了至关重要的作用。

《道德情操论》为理解人类道德行为和社会情感提供了重要的理论基础。这本书对于探讨道德和伦理问题,以及人类社会行为的心理学机制具有深远影响。亚当·斯密的贡献使得他成为现代经济学、伦理学和社会学的重要思想家。

三、"包宝宝":爱你爱到吃掉你

最合适的关系是:我爱着你,你爱着我,我知道你爱着我,你也知道我爱着你。

但是,你是你,我是我,谁都不属于谁。

"包子妈妈"

寂寞的"空巢"妈妈意外遇到了一个像宝宝一样的包子,

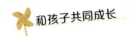

她像老母鸡一样照料着包宝宝。包宝宝在妈妈的呵护下渐渐成长，从一个承欢膝下的小宝宝，到喜欢足球的叛逆少年。然而，随着时间的推移，包宝宝开始渴望独立和追求自己的生活。他渐渐对外部世界感兴趣，渴望离开妈妈的保护，探索更广阔的领域。

然而，妈妈始终无法接受儿子离开。她试图将儿子留在身边，希望他永远听从自己的安排，就像她手中的包子一样听话。这种关系逐渐演变成一种深刻的依赖和控制欲望。

当包宝宝宣布要离开家时，妈妈无法接受这个现实，最终以一种极端的方式表达了自己的情感——她直接将包宝宝吞下。事实上，短片《包宝宝》中这个最骇人的镜头"妈妈吃掉包宝宝"出自华裔女导演石之予的亲身经历——她母亲真实说过的一句话："真希望把你装回肚子里，这样我就随时清楚你的人在哪里。"①

"妈妈吃掉包宝宝"的象征意味深远，它表达了妈妈内心深处的恐惧和不安，她害怕失去儿子，害怕面对他独自面对外部世界的挑战和危险。她试图通过吞噬儿子来保持控制，以确保他永远不会离开她的身边。当父母的深沉之爱被强烈的占有欲和控制欲主导时，他们往往以关心之名行伤害之实，他们试图控制孩子的一切，不允许他们独立决策和发展。他们吃掉的不仅仅是孩子的自由，也吞噬掉孩子的自我。

---

① 朱颖婕.奥斯卡最佳动画短片奖《包宝宝》背后深意[N].文汇报，2019－02－27（58）.

病态共生

心理学家玛勒认为母婴共生期是孩子生命中的早期阶段，通常持续到孩子 6 个月。在这个阶段，母亲和孩子之间建立了一种亲密、依赖的关系。这是正常的发展过程。在母婴共生期之后，父母和孩子之间应逐渐建立适当的分离和个性化关系。

然而，如果父母和孩子无法成功实现健康的分离，就可能进入病态共生关系。病态共生关系在中国因心理咨询专家武志红的阐述而广为年轻人群体所认知：在这种关系中，父母和孩子之间的依赖和亲密程度过高，彼此之间缺乏对独立个性的尊重。父母可能过度控制孩子的生活、想法和决策，试图完全支配和满足孩子的一切需求，尽管这种关系看似亲密。

"当孩子最终长大，决定要离开家离开妈妈时，一时伤心不已的妈妈选择将包宝宝一口吞掉，这便是没有脱离共生关系的表现。处于共生关系中，一方面是极度亲密，我就是你，你就是我，我们不分你我、不分彼此。另一方面，会有这种感觉：一旦分离，就意味着我们共享的这个共同自我就会崩解，这时就会有死亡焦虑。也就是说，我担心你离开我，我会死掉；我也担心我离开你，你会死掉。"①

在病态共生关系中，父母把孩子视为自己生活的全部重

---

① 马迪.奥斯卡最佳动画短片《包宝宝》：别用爱吃掉孩子[EB/OL].（2019 - 3 - 2）https://baijiahao. baidu. com/s? id ＝ 16269046920069433486&wfr ＝ spider&for＝pc.

心,将所有的爱都投入其中。这种关系使得父母和孩子之间形成了一种无法分离的共生关系,导致孩子缺乏发展独立个性的机会。他们无法建立自己的边界和个人辨识度,无法分清自己与他人的界限。

被以爱之名过度控制的孩子将会长期受抑制,无法释放出攻击性,导致他们在外表和内心都表现得像个圆润无害的"包子",[①]可能在心智和情感上停留在一个幼稚的状态,无法成长为独立、自主的个体,这些人的内心就像孩童一样,缺乏成熟和稳定的个性,也就谈不上很好地适应社会的要求和挑战。

区分爱和控制、占有

英国心理学家克莱尔曾经下过一个十分经典的论断:"世界上所有的爱都以聚合为最终目的,只有一种爱以分离为目的——那就是父母对孩子的爱。"

短片《包宝宝》的两个结局展示了不同的结果。在第一个结局中,妈妈最终吃掉了包宝宝和他的妻子,这暗示控制和束缚最终会毁灭关系和个体的自由。

而在第二个结局中,妈妈吞下包宝宝后崩溃住院,她在梦境中重新审视自己的行为,意识到她的错误并向儿子道歉。这个结局展示了一种潜在的转变和希望:妈妈在现实生活中

---

① 马迪. 奥斯卡最佳动画短片《包宝宝》:别用爱吃掉孩子[EB/OL]. (2019 - 3 - 2) https://baijiahao. baidu. com/s? id = 1626904692069433486&wfr = spider&for=pc.

重新连接并接纳自己的儿子，一家人围着桌子包起了包子，其乐融融。

那么，我们该如何分离对孩子的爱和占有呢？

作为父母，首先要有自我意识，认识到自己可能存在对孩子的占有欲望。反思自己的行为和动机，明确自己对孩子的期望和需求，以及是否过度干涉他们的生活。

鼓励孩子表达自己的意见和感受，倾听他们的声音，给予他们发言的权利，并尽量理解他们的观点和需求。

尊重孩子的个人空间和独立性，给予孩子一定的自主权和决策权，让他们在适当的范围内做出选择，并承担相应的责任。尊重他们的个人空间和隐私，避免过度干涉他们的事务。

培养孩子的独立能力，鼓励孩子在日常生活中独立完成任务和解决问题。提供适当的指导和支持，但不要过分承担他们的责任和任务。让孩子从挫折中学习和成长，培养自信心和解决问题的能力。

给孩子提供广泛的学习和体验探索外部世界的机会，让他们接触到不同的人和环境。鼓励他们积极参与社交活动、兴趣爱好和独立探索，培养他们的独立思考和适应能力。

作为父母，不要把所有的关注和注意力都放在孩子身上。父母保持自己的兴趣爱好和个人发展，拥有属于自己的时间和空间。这样可以更好地平衡个人生活和家庭责任，避免过度依赖和占有孩子。

孩子是一个独立的个体，我们爱他却不能占有他。正如

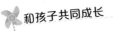

泰戈尔说的："让我的爱像阳光一样包围着你，而又给你光辉灿烂的自由。"

深度阅读1

早期发展理论

玛哈利·玛勒是一位重要的儿童精神分析学家，她的早期发展理论侧重于婴幼儿阶段的心理发展。她认为，婴幼儿在出生后会与母亲建立一种亲密的共生关系，这被称为"母婴共生期"（symbiotic phase），这个阶段通常持续到孩子6个月左右。

在母婴共生期，婴儿对母亲高度依赖，母亲也负责满足婴儿的生理和情感需求。这种依赖关系对于婴儿的正常发展至关重要，有助于建立安全感和信任，同时也促进婴儿的身体和情感发展。

然而，随着婴儿逐渐成长，他们开始探索和独立，与母亲逐渐分离，进入分离个性化阶段（separation-individuation phase）。这个阶段通常从孩子6个月左右开始，并持续到2岁左右。在这个阶段，婴儿开始认识到自己和母亲是独立的个体，形成自我意识和自我认同。

如果父母和孩子无法成功实现健康的分离，可能会导致病态共生关系的形成。这种关系可能表现为过度依赖、难以建立独立的身份，以及情感上的不稳定等问题。

这样的病态共生关系可能对个体的心理健康产生负面影响，限制个体的成长和发展。

因此，在儿童早期发展阶段，父母和照顾者的角色非常重要。他们需要适时地支持婴儿的成长，鼓励婴儿逐渐独立，建立健康的个性化关系，从而帮助儿童建立积极的心理基础和适应能力。

深度阅读 2

共病理论

共病理论（parasitic symbiosis theory）是用于描述人际关系中不健康、不平衡、不和谐的一种心理学理论。该理论由心理学家梅兰妮·克莱因（Melanie Klein）在 20 世纪早期提出，她是精神分析学派中的重要人物之一。

共病理论主要用来描述父母与子女之间、伴侣间或者其他人际关系中的不稳定、病态的动态。在这种关系中，一方可能表现出对另一方的控制、依赖、妒忌或者敌意等负面情绪。通常这种不健康的关系是由于双方之间存在潜在的心理冲突或者情感问题，导致一种"共生"的动态。

共病理论认为，这种关系中的一方可能会成为"依赖者"，依赖另一方的支持、关怀或者控制，而另一方可能会成为"供养者"，满足"依赖者"的需求，同时又获得某种程

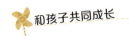

度的满足感。这种动态在心理上不健康，可能导致双方都陷入一种痛苦和不稳定的状态。

共病理论强调了人际关系中心理冲突和情感问题的重要性，以及这些问题对于人际关系的影响。它也指出了在破坏性关系中寻求帮助和治疗的必要性，以帮助个体解决内心的冲突，并建立更健康、平衡的人际关系。

需要指出的是，共病理论是心理学领域的一个理论观点，有一定的争议和批评。不同心理学派的学者对于人际关系中动态的解释和治疗方法可能有不同的看法。因此，在研究和了解人际关系时，需要综合考虑多种观点和理论。

第二节　对孩子如何才好

一、不被孩子领情的"好"

中国孩子从小到大可能听到父母最多的两句话，一句是"你要听话"，另一句就是"我都是为了你好！"

"我是真心为了你好" VS. "我也相信你是真心为了我好"

当父母在说"我是为了你好"的时候，他们是真的扒心扒肝扒肺在为孩子着想，在为孩子着急。中国的父母为了孩子基本上是毫不利己、倾其所有。倘若说要做一个极端的选择，很多中国父母都会做出牺牲自己来成全子女，所以他们这一颗心是不需要怀疑的。

而且中国的孩子也不会怀疑这一点——如果在这个世界上我们要选择相信谁，那么肯定我们是选择相信自己的亲生父母，所以在这个问题上，父母和孩子基本达成一致——"父母是真心对你好，是真心希望你好，希望你过得好。"

但是……（我们都知道，"BUT"后面的内容更重要。）

你会发现无论父母再怎么强调"都是为了你好"，很多孩子能不能接受和改变——就是按照父母说的去做，能不能，你觉得能吗？

好像嘴巴上说"能"，但是行动上没有这么一个结果。你再怎么翻来覆去地跟孩子说"我是为了你好"，你会发现说到后面他就很不耐烦了。为什么？这才是我们要深究的一个问题。

父母扒心扒肝扒肺，扒了五脏六腑都没有办法感化孩子，为什么？

这说明这个方法是有问题的，在心理学的层面，在一个实际的层面它可能是无效的。既然无效，是不是要深究一下原

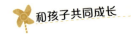

因，并且改进一下，以切实实现你的"希望"？

"我不想这么好，可不可以？"

既然我们说"你看我做这些都是为了你好"，那我们来思考一个问题：如果孩子不想这样好，可不可以？

答案是：不可以！（别着急，看到这里，身为父母的你一定会跳出来说"我没这么说"。）

他没有这个权利。

孩子有没有这个权利？

没有。

这才是问题的根本所在。

为什么他没有这个权利？

因为本来就是一个不对等的关系。这个不对等不在于压制，而在于父母说是牺牲了自己，生了他，养了他，而且这样做都是"为了你好"。事实上就没有给孩子选择的权利，他就没有资格说不。

那么为什么说孩子连说不的资格都没有？

那是因为前提都给他框死了，这是"为了你好"，不是"为了我们好"，"你还不识趣"，所以他连说不的资格都没有。

这是一种什么行为？不给你选择的权利，因为这就是"为了你好"，你还有啥权利？近乎绑架。

对！中国式父母很多时候是在绑架孩子。

用什么绑架孩子？用自己绑架孩子。

因为"我"已经全情地牺牲和投入了，你没有选择的权利，你没有说不的权利。这才是问题的本质。

这样说，是不是让父母挺伤心？但是没有办法，如果我们不反思这个问题的话，很多结是解不开的。你用自己去绑架孩子，他连说不的权利都没有：你说都是为了你好，我说我不想这样好，可不可以？我能不能选？不行，因为都是为了你好。这是问题的第一个层面。

"我都是为了你好"，为什么孩子还不领情？

我们再来分析问题的第二个层面，就是"我都是为了你好"，为什么孩子还不领情？

这是因为孩子根本没有办法从这句话里面找到自己的内生动力。为什么？只要是个人，不管他是大人还是小孩，他做一件事情一定要有内生的动力。如果他没有驱动力的话，他干吗要去做？

那么一个人，生而为人，最大的一种驱动力是什么？

我们一般会想躺在那等着父母给、别人给；父母安排好一切，多美多舒服啊，简直就是人生赢家。

错！人的最深层的满足感，不在于别人来满足我，而在于自己能不能满足别人。这才是人本质上存活于世的根本理由。

当一个人发现自己可以满足别人的时候，他就能够找到自己的方向和动力。这是非常有用的。这也是哲学、社会学、心理学领域最基本的道理。这条规律超越国界、种族、文化差

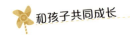

异。只要是人，其价值和动力来自满足他人，而不是相反。

我们一定要牢牢记住这句话。但凡你把孩子的事全部管起来，你会发现孩子"废"了。为什么"废"了？为什么他还不领情？

因为他找不到自己存在的理由。他的体验感会非常差。他内心是一种很无能的状态，因为他不能满足别人。当孩子或者说任何一个人，只要他能够满足别人，他就能够找到自己存在的理由。这比什么都强。

正确的做法

那么正确的做法就是：比如说你想要孩子达到某一个目标时，你不要说"我都是为了你好"，你告诉他"你这样做，我会觉得好骄傲"，你甚至可以直接告诉他，"你这样做，我参加家长会的时候我很有面子"。

直接告诉他——"我觉得我在别人、在那些家长或者在亲朋好友面前，我都觉得我要'开挂'了。妈妈的人生因为你'开挂''逆袭'了"。

一个孩子，不管他年龄多小，只要他听到这句话，他就会知道原来"我"有能力满足他人甚至权威的需求。父母师长对孩子来说就是一种权威的存在——原来"我"是有能力满足一位权威的需要的，那么他的能动感就会"爆棚"，就能"爆棚"。

当他有能力去满足别人的时候，他就能够找到自己。

所以不要说什么都是"为了你好"。你分明就是想让孩子考一个好成绩，还要说"我都是为了你好"。没错，是为了他好，但这么说是不行的。因为他在这句话里面根本找不到自己。不要说"你爱学不学，都是你自己的事"。你要告诉他，"你考好了，我就觉得花都开了"。你就直接告诉他你的诉求。

当然说这句话会有风险。

什么风险？

既然你告诉他这是你的需求，那么他可以答应你，也可以拒绝你。

所以你有没有发现这个问题又回到原点了：我们的父母是为了不让孩子拒绝——"我们这样要求干吗？又不是为了自己，都是为了你好！"——孩子就没有资格拒绝，对吧？

所以，一定要尝试放下这个东西，才能够好好地从孩子很小的时候就激发出他内生的动力。

二、因为我，爸爸妈妈活得更累了吗？

人的深层心理满足不在于"你增加了我的幸福"（"你对我有用"），而是"我增加了你的幸福"（"我对你有用"）。

无形的否定

"你看，爸爸妈妈舍不得吃舍不得穿，都是为了你……"

"要不是为了你，我早就和你爸离婚了。"

……

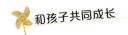

是不是有一股熟悉的味道,这种模式的说教对于孩子来说,一般会有两种结果:大多数是第一种——"父母因为我过得不容易,我要好好努力,长大以后报答父母的养育之恩";还有少数孩子会非常反弹、抗拒,甚至烦躁。

父母含辛茹苦、一心为了孩子付出甚至舍弃自我,这分明是事实,为什么有些孩子不仅不感恩,内心还会生出一股莫名的烦躁?(需要说明的是,这是一种无意识的过程,超出孩子的自我意识控制,听到父母经常念叨这样的话,就会感到烦躁、郁闷,甚至说出一些伤害父母的话。)

我们通常会认为,如果喜欢一个人或者爱孩子就要对他好,就要给、给、给。对于孩子来说,从外界接收自然是开心的,但是人的深层心理满足不在于"你增加我的幸福"(你对我有用),而是"我增加了你的幸福"(我对你有用)。

因为"我"的存在,你变得更加幸福!如此,会极大地提升"我"的价值感,"我"存在的意义,"我"的能动性,证明"我是值得的!"这是人的内驱力的重要来源。好比僧人乞食。为什么说不乞食不算一位真正的出家人?我们一般认为乞食有助于修行之人放下自我,破我执。事实上,乞食更高的一层境界是"渡人",它让平时卑微的人在这一刻因为施舍别人,被人需要,高于别人,从而内心能够体验一种高尚感和自身存在的意义。

对一个孩子来说,最大的肯定莫过于"我的存在增加了父母的幸福"。

对一个孩子来说,灭顶之灾莫过于"我的存在导致了父母的不幸"，这是最彻底的否定。

爱的传递 VS.情义索取

很多中国父母的想法是，让孩子知道父母为了他省吃俭用、辛苦工作，就是希望孩子念这份好，进而感化孩子，孩子因此能懂事，并朝着父母期望的方向转变。

但是，这种方式虽然会让孩子看到父母的不易，但同时也会让有些孩子产生深深的愧疚感：父母为了自己忍辱负重、劳心劳力。既然有所亏欠，那要怎样？还！

谈到这个问题，有人打了这个比方：一家人吃饭，碗里只有一块肉，父母把唯一这块肉默默夹给孩子——这是爱的传递；但是，如果再加上一句，"你看，家里就这一块肉，我和你妈都舍不得吃，就给你吃，你可要……"——这就是索取！

大家明白其中的差别了吗？

孩子什么都知道

那么，有些父母就会担心：如果我为孩子的隐忍、付出不念叨出来，孩子就不会知道，岂不是不知道感恩？例如这些网友提出疑问："父母都是把自己最好的东西留给儿女，舍不得吃，舍不得穿，可是又有多少儿女理解做父母的不易？""父母一辈子舍不得吃，舍不得穿，最好的都给了儿女，可换来了什么？"

我们要相信人！

很多时候我们不相信，不相信孩子，不相信自己！

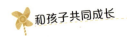

演员董洁在《您好！母亲大人》中饰演一位单亲妈妈，生活窘迫、孤儿寡母，一年到头吃不上几口肉。妈妈把肉都夹给儿子，这是常见的剧情和生活场景，但是最后一个镜头才催人泪下：妈妈在自己碗里发现，儿子早已悄悄把肉埋在她米饭下面。其实，孩子什么都知道。

深度阅读

心理控制

心理控制（psychological control）最早由心理学家施艾弗（Schaefer）提出，而后布莱恩·巴伯（Brian Barber）及他的团队做了大量的相关研究。心理控制是一种特定的教养方式，它试图通过操纵和控制孩子的心理与情绪来达到特定的目标，这种教养方式主要通过诱导内疚、灌输焦虑和威胁收回爱来影响孩子的行为和态度。

诱导内疚：父母可能会有意或无意地激发孩子的内疚感，使他们对父母的期望和要求感到内疚，从而迫使孩子按照父母的期望行事。

灌输焦虑：通过向孩子灌输焦虑或恐惧，父母试图影响孩子的行为。这种焦虑可能缘于对父母失望或惩罚的担忧，促使孩子遵守父母的要求。

威胁收回爱：父母可能威胁要撤回爱、拒绝或排斥孩子，以迫使孩子顺从他们的意愿。

这种形式的控制通常是隐性或微妙的,不如直接的身体控制明显,但其影响可能同样强大且深远,孩子可能会感到无力、焦虑、抑郁,也可能限制孩子的自主性和探索欲望,阻碍他们在发展过程中建立健康的自我认知和自我理解。

三、孩子:我情绪不好时请这样做

我们要鼓励身处情绪漩涡的孩子坚强、勇敢吗?

感觉更不好了?

对待有心理困扰,或者深陷情绪泥沼的孩子,我们经常看到这样的加油打气:

"你会好起来的!"

"明天太阳照常会升起!"

"想想美好的事!"

"你15岁的青春,不就是人生最美好的年华?!你甜美的微笑,不就是父母最值得的骄傲……刺激你发愤,激励你斗志,产生壮怀激烈的男儿豪情!世界上的独孤并非你一个人有。有的人写下《百年孤独》,获得了诺贝尔文学奖,有的人终身残疾,成为著名物理学家。"

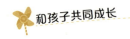

......

有些处于精神低迷状态的网友直言：本来感觉就不好，看完这些，感觉更不好了；这些话很真诚，也是为了孩子好，但是打动不了真正需要的人。

为什么会这样？

我们不妨听听有过心理困扰的一名学生的感受。

> 代入一下高二的自己。说实话，本来我就不好，看了更窒息。句句捅到心窝子，这是往我脸上盖湿纸呀？
>
> 我在高中的时候成绩严重下滑，怎么努力也没用，天天在家emo。压力像潮水一样，层层叠叠、厚重且无法挣脱。我像陷入海中的溺水者，从惊慌失措全力反抗，越用力越觉得疲惫，到最后麻木不仁、无力扑腾。
>
> 我一直很抵触励志鸡汤文。鸡汤文表达出的"积极乐观""光辉未来"的思想，实际上给情绪受困扰的人再一次带来了压力。
>
> 爱和理解，有时候对于在情绪困境中的人来说是根本无法拿到的奢侈品，支持也不是有爱就够了。所谓"不坚强、不珍惜、不知求助"，其实全都是把已经在他们身上的痛苦又推回到他们自己身上，对备受困扰的人不仅没有帮助，反而是一种典型且杀伤力极强的"诛心"。
>
> 我称这些人都有"精神健康优越感"。

而有过和情绪困扰者或者和自己的心理疾患相处经验的人,也要避免将自己的"痊愈过程"当作一种"一切都会好"的模板来叙述。因为这同样也是一种压力。听幸存者的故事不一定产生打鸡血的效果,也许会让陷入情绪漩涡中的人更觉得孤立无援。

人和人是不同的,痛苦和痛苦也无法比较,心理困扰就更是异质性的、不可化约的。更何况心理疾患早已被编织在各种污名化的标签中,甚至成为一些明星掐路人嘴的手段。而当我们讨论情绪、压力、心理健康,多少都会涉及"我们如何看待心理疾病患者",这些讨论都有伤害相关人群的风险。

大家可能会觉得,"怎么这么麻烦,跟这些人说话还要注意这么多"。其实我想强调的就是,"不要给任何情绪困扰者贴标签和下判断"。

如果实在忍不住想说点什么,要善于使用"我自己的意见是……""从我的个人的经验来看……"等句式,代替说"你应该……"。

不要否定对方的情绪、否定对方的人生经验,不要越过对方的认知去进行说教。

当然了,提供无声的陪伴,在保持边界的同时提供一些支援,认真讲出"这不是你的错""这从来不是你的错",要比要求对方坚强勇敢有效得多。

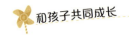

　　这名学生用不那么专业，但是真切的体会阐述了对待有心理困扰，或者深陷情绪泥沼的孩子可能有效的做法——承认孩子的感受（因为很多时候家长以大人的姿态和口吻在忽略和否定孩子的感受）和尽可能帮助孩子恢复对自己的掌控力。

承认孩子的感受

　　一名网友在一篇文章中这样写道：

> 　　前几天，我妈对我说，你青春期的时候非常不听话，就得天天打。
>
> 　　我回复说，其实每个孩子都有青春期，都有不听话。青春期的孩子就是敏感自我，伤春悲秋，为赋新词强说愁。自己过得不舒服，当然会和家里人吵架啊。谁还没有个"中二"的时候呢？
>
> 　　我妈显然从来没有想过这些，回复了我一句：我小的时候家里都吃不饱饭，还伤心？滚一边去吧！

　　这个场景在中国家庭中并不鲜见。

　　事实上，人类是感受性的动物，尤其在婴儿和儿童时期。对孩子的感受做出恰当的应对和回应至关重要，因为无论年长还是年幼，人类都需要关心和理解他们的感受。当我们感到不好时，通常更需要的是情感的支持和理解，而不仅仅是解决问题的方法。①

忽视或否认孩子的感受对他们未来的心理健康有害。而作为父母，我们可能没有意识到自己正在做这种事情，或者错误地认为这是最佳的做法。导致心理问题最常见的原因，并不是发生在成年人身上的事情，而是他们在童年时期没有从亲子关系中获得安抚。②

当我们感到沮丧、焦虑或心情低落时，往往希望有人能够倾听我们的内心痛苦，而不仅仅是提供解决方案或给予建议。这种理解和共情的支持可以让我们感到被接纳和关心，减轻我们的负担，增强我们的情绪回应和应对能力。对于孩子来说，这种情感支持非常重要。

孩子在成长过程中会面临各种情绪困扰，当我们看到孩子情绪低落或不好时，重要的是共情和理解，而不仅仅是试图解决问题。

恢复对自身的能动力

在应对情绪漩涡的非药物疗法中，运动是很多人亲测有效的方式。为什么运动有明显的效果？

是因为内啡肽的分泌？是，但不完全是。

---

① 菲利帕·佩里.真希望我父母读过这本书[M].洪慧芳,译.北京:中信出版社,2020:73.
② 菲利帕·佩里.真希望我父母读过这本书[M].洪慧芳,译.北京:中信出版社,2020:53.

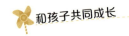

　　处于心理困境中的人最大的体验就是无能为力，这是一种失重的面对自己的无力感。运动对于身陷泥沼的人，最大的功效是让运动的主体能够重新找回自己对自己的掌控力、能动性——从自己的身体开始。

　　在运动比如爬楼梯的过程中，经过一段时间的锻炼之后，每当你抬起腿的刹那，能够感受到某个部位肌肉的紧绷和律动，再经过一段时间的训练，你甚至能体会到自己可以控制某块肌肉发力。

　　这种对肉身的控制感，有助于恢复和重建自己对自己灵魂的可控感，仿佛那个"我"又能被自己体验到了。

　　还有一种方式，就是帮助。不是被人帮助，而是帮助人。

　　很多过来人说，最好的配方就是去帮助比自己状态更糟糕的人，其间的道理也是相通的：通过"被需要"来恢复自己的能动性，找到自己存活于世的理由——"我"明确感知到"我"是"我"，以及"我"是有用的。

深度阅读

社会学的视野

　　社会学家怎么看今天的孩子以及成人越来越高发的情绪性、心理性问题？如果这只是极少一部分人的问题，那就不是社会问题；如果是社会普遍蔓延的情绪，那就要从社会变革、社会结构中去看一看。

在中国传统社会和计划经济时代,这个问题并不那么突出。中国传统社会讲究五伦关系,在家靠父母,出门靠朋友;到了计划经济时代,"出门靠组织",都还是在关系网络中。人伦羁绊,对于个体,既是限制也是保护。

改革开放让个人有了更多的选择,也意味着自己要对自己负责。从单位制的变迁到家庭的核心化,社会变得更有活力。社会活力源自每个人获得个体能力独立发挥、个性施展和追求个人成就的权力。因此,市场能力、成就竞争和业绩评估也就成为个人价值评判的常见标准。

在一个讲究个人担当和竞争的时代,"你时时处处都能竞争过别人吗?"

研究显示,名校孩子的心理问题不容小觑,难道他们在高中的时候很优秀,上了清华北大就不优秀了?

并非如此。这些学生从高中到大学表现出的问题,不是因为自己不优秀了,而是因为自己不那么突出了。

我们要承认,比别人强、比别人厉害、我高你低的欲望是人类的本能欲望之一,也成为动力之一。社会学家郑也夫说过这样一句话,随着人类社会的进步,世界上的物质财富会整体增加,食物会增加,住房会增加,但是世界上唯独有一样好东西不会增加,那就是他人的目光。①

---

① 郑也夫. 神似祖先[M]. 北京:中国青年出版社,2009:149.

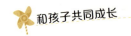
他人的目光在你身上停留了，就不会在"我"身上停留；老师和同学赞许和羡慕的目光给了你，却没有给"我"。这种注视不会增加"我"一分财富，却让人体会到那种叫作"好的感受"是如何让人自我感觉良好。

到了名校，一个个曾经的山峰聚在一起，就会把峰值拉成一条直线，真正的困惑和问题不是"我不再优秀了"，而是"别人和我一样优秀"，"我"也就是那条直线上的一个点而已。

第三节　为人父母的基础

一、AI 时代，父母什么品质最可贵

在将来的亲子教育中，什么才是最有价值的，什么才是以GPT 为代表的人机互动所替代不了的？

假如爸爸也可以 AI 化

现实总是不完美的，于是人们就在科幻电影中构造了 AI

女友——完美的女友。这些机器人女友通常被设计成外貌美丽、智能聪明、善解人意，并且对主人无条件地关爱和陪伴。

尽管现实生活中的 AI 女友尚未达到科幻电影中的完美形象，但科技发展确实带来了一些新的可能性。例如，近年来出现了一些智能助手和虚拟伴侣应用程序，它们通过语音识别和自然语言处理技术来模拟对话，并尝试提供情感支持和陪伴。这种技术通常包括自然语言处理、语音识别和情感分析等技术，以模拟人类的对话和情感交流。AI 女友可能会回应用户的话语，提供建议和安慰，并且在一定程度上适应用户的喜好和需求，其中包括今天小孩子非常熟悉的"养成系"虚拟游戏男友或女友角色。

假如，爸爸也能 AI 化，人类爸爸们还能胜出吗？在已经到来的 AI 时代，未来更加 AI 的时代，哪些属性和品质才能让人类爸爸们胜出？或者说，对于未来爸爸们而言，哪些属性比较重要，哪些不那么重要？

AI 爸爸 VS. 人类亲爸

首先，我们来看 AI 爸爸的优势。

第一，信息和知识的丰富性。AI 爸爸可以通过大数据和人工智能技术的支持，提供丰富的信息和知识。它可以回答孩子的问题、提供教育知识，并帮助孩子扩展视野和获取新的学习资源。AI 爸爸可以根据孩子的兴趣和学习风格，推荐个性化的学习材料和课程，帮助孩子更好地发展自己的潜力。

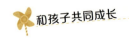

在家庭教育中，AI爸爸通过智能音箱或手机应用程序，为孩子提供科学、历史、文化等各类知识。当孩子提出问题时，AI爸爸能够及时给予回答，并提供相关的学习资源，帮助孩子扩展知识面。

第二，个性化的学习和指导。AI爸爸可以通过机器学习和智能算法，了解孩子的学习风格、能力和兴趣，根据这些信息为他们提供个性化的学习计划和教育资源。这种个性化的学习方式可以更好地满足孩子的需求，提高学习效果和成就感。

AI爸爸可以根据孩子的学习进度和能力，提供量身定制的学习计划和教材。例如，当孩子在学习某一科目遇到困难时，AI爸爸可以根据孩子的掌握程度和学习风格，提供相应的教学方法和练习题，帮助孩子更好地理解和掌握知识。

第三，"24/7"（每周7天、每天24小时）的可用性。与亲爸相比，AI爸爸具有"24/7"的可用性。无论何时何地，AI爸爸都可以随时提供支持和指导。这种可用性确保孩子在需要帮助或指导时始终有资源可依赖。当孩子晚上独自学习或遇到问题时，亲爸可能不在身边，而AI爸爸可以随时通过智能设备与孩子进行交流。孩子可以向AI爸爸咨询问题，获取学习资料或解决方案。无论是在家里还是在旅途中，孩子都可以依赖AI爸爸的帮助和支持。

最重要的是，AI爸爸永远不会发火，永远不会因为辅导孩子作业而闹得鸡飞狗跳！

然后,我们再来看 AI 爸爸的劣势。

首先,情感和亲密度的缺失。亲爸与孩子之间的关系建立在情感和亲密度的基础上。亲爸能够提供真实的情感支持、关怀和父爱,而 AI 爸爸仅是基于程序和算法的虚拟实体,无法提供真实的情感体验。尽管 AI 爸爸可以通过语音和文字与孩子进行对话,但它无法提供与亲爸真实关系的亲密连接。

当孩子遇到挫折或困惑时,亲爸可以给予孩子温暖的拥抱、鼓励的笑容和真实的情感表达。这种真实的情感支持和亲密的身体接触可以给予孩子安慰和信任。而 AI 爸爸无法提供这种亲密和情感的支持。

第二,真实经验和人际互动的限制。亲爸基于自身的经验和知识为孩子提供指导和教育。亲爸通过亲身经历和学习来理解孩子的需求并提供适当的支持。然而,AI 爸爸仅仅是通过程序和算法提供信息和建议,无法提供与亲爸真实经验相匹配的指导。

当孩子面临学业困难时,亲爸可以基于自己的学习经历和知识给予孩子实际的指导和解决方案,因为亲爸曾经经历过类似的困境并找到了解决方法。然而,AI 爸爸可能只能提供标准化的学习方法和一般性的建议,无法提供与孩子真实情况相符的个性化指导。

第三,人际互动和情感交流的不足。亲爸和孩子之间的沟通和人际互动是亲子关系中至关重要的部分。这包括面对

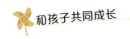

面的交流、身体接触和情感交流。虽然 AI 爸爸可以进行基于文本或语音的对话，但它无法提供真实的人际互动和身体接触。这限制了孩子在人际交往和情感表达方面的发展。

当孩子与亲爸进行交流时，他们可以通过面部表情、肢体语言和声音的变化来传达情感和意图。亲爸能够感知并回应孩子的情绪，提供身体上的安抚和慰藉。然而，AI 爸爸无法提供这种真实的人际互动和情感交流。

综上所述，AI 爸爸与亲爸相比存在着明显的优势和劣势。AI 爸爸在信息和知识的丰富性、个性化的学习和指导以及"24/7"的可用性方面具有明显的优势。然而，它也有明显的劣势，表现在情感和亲密度的缺失、真实经验和人际互动的限制以及情感交流的不足等方面。尽管 AI 爸爸可以成为孩子学习和获取知识的重要辅助工具，但亲爸在提供真实情感支持、个性化指导和人际交往等方面仍然具有独特的价值。

未来，人类爸爸靠什么胜出？

AI 爸爸，无论在伦理层面还是现实层面，都不太会实现。我们恰恰是要通过这种方式来讨论：在未来的亲子教育中，什么才是最有价值的，什么才是以 GPT 为代表的人机互动所替代不了的？

首先，传统的依靠知识和经验建立的父母权威，在未来可能要面临较大的挑战，著名经济学家钱颖一直言"人工智能将使中国教育优势荡然无存"，知识储备型教育不是将来，是现在就在面临挑战！因为你拥有的知识点再多，体系再丰富，都无法和人工智能匹敌。

第二，人与机器之间的情感是有限的，尽管机器人可能拥有复杂的人工智能和情感模拟，但它仍然是通过算法和程序运作的，情感的真实性和深度是无法比拟真人的。

人类情感是复杂多样的，涵盖喜怒哀乐、共情、关爱和情感共鸣等方面。这些情感体验是建立在我们对他人的理解、共享和情感连接上的。机器人虽然可以通过算法和模拟来表现情感，但它们无法真正体验和理解情感的本质，无法提供与人类孩子真实而深刻的情感互动。

所以，人类亲爸一定要体会和珍惜这一点：对于孩子来说，你不一定要做盖世英雄，但一定要温情脉脉。真实的情感关系可能会面临各种困难和冲突，但正是通过这些挑战，我们才有机会成长，改善和加深与孩子的联系。

第三，机器人的体验是预设的，尽管它们可以学习和适应用户的偏好，但它们的行为和回应仍然是基于预先编程的指令和算法。这意味着机器人无法真正成为一个独特的个体，无法随着时间的推移和关系的发展而变化和成长。相比之下，真实的人类父子可以通过互动和经验来塑造和改变彼此的关系，创造出与孩子共同成长的美好回忆。

所以，创造力和独立主体性，是天赐人类为万物主的法宝，作为父母，一定要守护、激发、锻造孩子的创造力、自主性和自主决策能力。

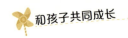

最后，机器人缺乏身体的存在和触觉的互动。人类关系中的身体接触和亲密互动是建立情感连接和表达爱意的重要方式之一。机器人无法提供真实的身体存在和触觉体验，这种父子身体层面的互动无法被 AI 所替代。

所以，请多拥抱你的孩子！

二、孩子成绩这件事

当你不真正在乎孩子分数的时候，孩子的分数就不会差。（分数只是作为客观结果存在，而不能作为目的存在。）

什么不重要

如果你想不高兴一个星期，就去看中国男足；如果你想不高兴一个月，就去参加孩子家长会。不辅导作业母慈子孝，一辅导作业就鸡飞狗跳；孩子学习成绩不好、厌学，据说是造成青壮年家长群体血压不稳的主要原因……

这些年我一直在思考一个问题：为什么我从小到大就成绩比较好，而且不需要家长任何督促？这不是"凡尔赛"，而是一个身处教育行业的中年人想要一个答案。

谈到这个问题，有一点我们不能回避：学业表现是否和基因相关。完全回避这个问题是不科学的，基因可能是自变量中的一个，但肯定不能解释全部，毕竟这个世界的运转不是全靠基因完成的。

首先,分数肯定不是最重要的,本书会反反复复强调,在对孩子的教育中,价值教育最重要。我和我周围成绩好的同学,在半生反思中都高度认同,人生后来的问题,都不写在分数里,没有稳定的自我,分数再高,也很难走得长远和安稳。

一个人智力很强但价值教育缺失,没有强大的自我,精神内耗的程度会令人难以想象,他要耗费漫长的岁月、精力去补课。这个"课",不是指数学、英语,借用《无间道》的台词——"出来混,早晚要还的",儿时缺失的要用后半生去还;年少时分数再高,但是缺失的家庭课会限制其终身。

第二,背知识点不重要,尤其是在今天 AI 时代。以前大家都认为送孩子上学就是要学知识,你知识越多,生活就会越好,这是我们过去的信念。在这样的信念之下,我们过去是向学生灌输知识。但是自从有了搜索引擎,让过去背知识点的重要性开始快速下滑,到了今天 AI 时代,知识获取就更加便捷而且智能了。

不恰当地说,对于高中及之前的人文社科知识,在进入好的大学的第一课,就是要让你忘掉以前学的,重新读书,架构自己的理论和思辨体系;对于高中及之前的数理化等理工科知识,如果没有弄懂原理,那和只会背乘法表没有什么区别,同样个体很难进阶。

那么到底什么比较重要?

在孩童时期,应该养成什么样的受益终身的学习习惯?

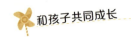

什么重要？

第一，专注力很重要，没有专注力，终身都很难成事。任何一件有点价值、有点难度的事情，都需要精力的高度集中和一个时间段的持续投入。

怎么培养孩子的专注力，我建议不要老用"来吃饭啦"之类来打断孩子手头的活。

你频频打断孩子手里的积木、沙洲，是在中断他的注意力，片段化他的时间。让他专心致志地搭积木、造城堡、绘画，他的创造将会极大地激发成就感，并且让他享受专注其中的快乐。

第二，方法很重要。方法不是习惯，而是更偏向逻辑思维，或者说算法，是指怎么认知问题、处理问题，弄懂事物之间内在的结构、联系和原理，在此基础上触类旁通等。

"问题意识"是中国学生呕需的东西，很多中国孩子即使到了读硕士阶段，依然没有问题意识。缺乏问题意识的孩子在写东西时容易陷入俗套，无法形成自己的思维和发现。

弄懂原理，比关注分数重要，比如学数学，弄懂 3 乘以 5 为什么等于 15，远比背乘法表重要，而且会让孩子受益终身。

第三，做事很重要。对于孩子来说，可以换个说法，尽量用项目制来管理孩子。交给孩子一件具体的事或者项目，用目标也就是我们想要什么样的结果，来倒推节奏和日程安排。在这个过程中需要动用资源——人、物、钱，需要调配父母师长。当孩子开始为了结果而指挥师长的时候，就未来可期了。这就像职场上得力干将和优秀领导之间是非常默契的，后者只须等着前者来告诉他，需要他做什么。

其实有了方法、专注，孩子的成绩是不大可能差的。强调分数不重要，恰恰在于分数只是作为客观后果存在，而不能作为目的存在。

深度阅读

心流体验

心流体验，也被称为"心流状态"或"流体状态"（Flow state），是由心理学家米哈里·契克森米哈伊（Mihaly Csikszentmihalyi）于20世纪70年代首次提出的概念。它指的是在某种活动中，个体全神贯注、投入其中，对所做之事完全沉浸，自我感知减弱，时间似乎消失，产生高度满足和愉悦的心理状态。在心流体验中，个体表现出以下几个特点。

高度专注：个体对于所从事的活动投入极其专注，对外界干扰不敏感，全神贯注。

活动挑战与技能平衡：心流体验通常发生在个体所从事的活动与其技能水平相匹配的情况下，既不会过于简单而无聊，也不会过于困难而产生挫败感。

完全投入：个体在心流状态下感觉完全投入所做之事，如同"心与活动合而为一"。

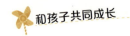

时间忘记：在心流状态下，个体的时间感觉似乎消失，他们可能感觉时间过得很快或很慢。

自我消解：个体在心流状态下，自我意识减弱，忘却自我，体验到一种超越自我的境界。

心流体验通常在具有挑战性、有意义且与个体兴趣相关的活动中发生，例如运动、艺术创作、学习、写作等。心流体验不仅可以提供积极的情感体验，还有助于提高工作效率、增强创造力、促进个人成长。

为了达到心流体验，个体需要有一定的技能和能力，同时在活动中能够找到恰当的平衡，既能应对挑战，又能体验到乐趣和成就感。心流体验也常常被认为是实现幸福感和满足感的一种途径。

三、为人父母这场考试我们能拿多少分

伊坂幸太郎说："一想到为人父母居然不用经过考试，就觉得真是太可怕了！"

我为什么想生孩子？

"我为什么想生孩子？"如果我们想要生孩子，请审慎思考这个问题。如果我们已经为人父母，仍要反思这个问题。

因为父母催促？

因为传宗接代，延续我的基因？

因为想让孩子替我实现未曾实现的梦想？

因为我老了要有人管？

因为这个世界很美好，我想和另一个生命一起体验人世的酸甜苦辣？

因为生孩子是自然而然的事，不需要多想？

······

为什么想要生孩子是一个非常个人化的问题，每个人的动机和理由可能有所不同，但是对于这个问题应该有一个审慎的思考过程。无论动机如何，我们都需要意识到孩子是独立的个体，他有着他自己的意愿、发展方向和人生轨迹。期望孩子按照我们的期待来发展，或者把孩子的存在当作满足我们个人需求的工具是有问题的，对孩子而言也是不公平的。

生活中存在一种矛盾，一方面，孩子能让我们产生深刻而美好的亲近感，另一方面，他们也可能让我们感到沮丧和绝望。如果你对孩子带来的幸福抱有过高期望，那就需要小心了！在孩子的幼年和青春期，很多父母可能会感到失望和困惑。除了疲惫和挣扎，养育孩子往往让父母感受不到充实和快乐，甚至有时候会觉得付出远远大于回报。因此，认识到实际生活的艰辛是至关重要的。①

---

① 保罗娜·肖伯特. 做强大而不强势的父母[M]. 李兴，译. 北京：中信出版集团，2022：3—4.

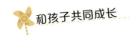

准备钱就够了？

养育孩子，大家都会简单地联想到钱。有没有钱，甚至成为愿不愿意生孩子的唯一条件。

在养育准备时，我们不妨摒弃经济学简单的"资本"概念，而是用社会学的"资本"概念，包括外化的资本，内化的资本，身体化的资本。而且在孩子成长过程中，心智能力这种身体化的资本更重要，相较物质财富，心智成熟的父母更能够帮助孩子直面人生的荆棘和挑战。

事实上，"父母不经考试"的可怕不在于父母在素质方面的一般缺陷，而在于为人父母，是否能够通过情感的维系来弥补这些缺陷，并为孩子提供必要的支持和爱。在孩子的成长过程中，父母是最早的亲密关系，他们的作用在于提供稳定的情感环境和塑造孩子的人际交往模式。如果没有父母情感的参与和关注，孩子可能会感到孤独、不被重视或者无法建立健康的情感联系，这可能对孩子的一生产生深远的影响。

不妨问问自己是否有这些问题和经历：

1. 无法控制自己的拳头，怒气一上来，谁都拉不住，只有动手才觉得爽快。有时候动手不是因为要解决问题，而是控制不住想动手，否则心里不痛快。

2. 容易生气，或者大发雷霆。

3. 我的父亲从不开口说爱我，但我知道他爱我爱得深沉。

小时候他经常动手打我，但对我没什么影响，小孩子打两下就过去了。我父亲在我心中地位很高。

……

如果有，那么我们需要审视自己的过往，重新思考一种新的不同于自己经历过的亲子关系模式。

完美的家长是不存在的，满分才有资格生孩子显然是曲解。但停滞不前、不愿改善的家长合理化自己的局限，比如借口没有时间、没有能力肯定是不可取的。父母应该意识到自己的局限，并愿意积极改进和成长。就算父母因为经济困难而无法给孩子提供物质上的支持，他们仍然可以给予充沛的情感和陪伴。

每个家庭都有自己的挑战和困境，家长在面对时可能有不同的应对方式，这就需要父母展现积极的态度，寻求解决问题的途径，并且在孩子的成长过程中始终给予关注和关心。

如果给为人父母设置一场考试

当然，请注意以下是一套虚构的试卷，仅仅帮助你思考和反思作为父母的重要方面。

部分一：价值观和教育理念

1. 列举三个你认为对孩子成长至关重要的核心价值观，并解释为什么它们对你很重要。

2. 你认为教育的目标是什么？简要描述你对孩子教育的愿景。

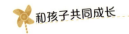

部分二:情绪管理和沟通技巧

3. 当你遇到挫折或压力时如何管理自己的情绪? 请分享你常用的情绪调节策略。

4. 举例说明一个你成功解决与孩子之间冲突的情景,并描述你是如何运用积极的沟通技巧来处理这个问题的。

部分三:时间管理和自我护理

5. 在忙碌的生活中,你是如何平衡工作、家庭和个人需求的? 请分享你的时间管理策略。

6. 描述一个你照顾自己身心健康的例子。你认为自我护理对于成为一个好父母的重要性是什么?

部分四:父母关系和家庭氛围

7. 描述一下你与配偶之间如何共同育儿并维持良好的父母关系。你们是如何处理分歧和冲突的?

8. 家庭氛围对孩子的成长发展至关重要。列举三个你希望在家中创造的积极氛围,并解释为什么它们对孩子的成长有益。

部分五:教育观念和自我成长

9. 你认为孩子的教育不仅仅在学校中进行,还需要家庭的支持和参与。请描述你计划如何在家庭环境中培养孩子的兴趣和才能。

10. 为了成为一个更好的父母,你如何继续学习和提升自己的技能? 请分享你的自我成长计划。

部分六：附加问题

11. 简要描述你作为父母的最大挑战是什么，以及你打算如何克服这个挑战。

12. 在你看来，作为一个父母，最重要的是什么？为什么这个因素对你来说如此重要？

为人父母的基础是一种深厚的爱和责任感。作为父母，你愿意无条件地爱护、支持和保护你的孩子，为他们提供成长所需的物质和情感支持。以下是为人父母的基础要素。

一是爱：爱是建立家庭关系的基石。作为父母，你应该无条件地爱护和关心你的孩子。这种爱应该是温暖、理解、支持和包容的，能够让孩子感受到安全和被接纳。

二是责任感：育儿是一项重要的责任。作为父母，你应该对孩子的福祉和成长负有责任感。这包括满足孩子的基本需求，如食物、住所和教育，同时也包括培养他们的价值观、品德和自信心。

三是关系建立：与孩子建立良好的关系是为人父母的关键。建立亲密的互动和沟通，培养信任和理解，能够帮助你与孩子建立紧密的纽带，促进他们的健康成长。

四是教导和引导：作为父母，你有责任为孩子提供正确的指导和教育。这包括教授他们道德价值观、社交技能和解决问题的能力，帮助他们建立积极的行为和健康的生活习惯。

五是自我成长：为了成为更好的父母，你应该持续地进行自我反思和成长。培养自己的情绪管理能力、沟通技巧和家

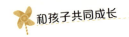

庭管理技能,能够为孩子提供更好的榜样和支持。

世上不存在"准备好",满分才能生孩子显然是曲解。王阳明说,在知中行,在行中知。养育的本质不是准备好一切才能迎接一个新的生命到来,而在于是否准备好和新生命一起迎接更好的自己,一个不断反思、不断自我察觉的自己,一个有勇气面对各种痛苦、苦难的自己,一个逐步心智健全的自己,一个不断自我突破的自己。

如一位妈妈所言,有机会和另一个崭新的生命同行一段,这种机会让我们看到自己,发现自己真实的样子,从而让自己的人生更完整。

第二章

强大而不强势的父亲

第一节　审视自己的权力

一、孩子要"听话"吗？

纪伯伦在《先知》第四章"论孩子"中写道：你的孩子，其实并不是你的孩子，他是生命对自身的渴望而生的子女。他借你而来，却非因你而来。他与你在一起，却不属于你。你可以给他以爱，却不能给他以思想，因为他有自己的思想。你可以庇护他的身体，却不能庇护他的灵魂，因为他的灵魂属于明天，属于你的梦境也无法到达的明天。

多元价值体系交织的时代

"打一顿就好了，如果一顿不够，那就两顿。"

时常有人在各种熊孩子短视频下这样留言说，我们之前的教育虽然简单粗暴，但是非常有效——看，我们不就是这样健全成长起来了吗？

先不论对错，以前人们的价值观与教育目标是比较一致的。简单来说就是：父母说了算，孩子得听话。

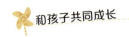

在过去,社会与家庭的结构都是权威体制的,孩子闯祸就会挨打。父母和老师拥有一种受到社会认可的权力,或者说,父母和孩子的关系是处在支配与被支配的权力基础之上的,而且是被高度合情合理化的,大家都没觉得这有什么问题。

时至今日,很多问题和情境都在悄然但深刻地发生着变化,我们通过自媒体和互联网,既体会到"听话教育"的威力,也看到各种各样新的教育理念和方法层出不穷,"太听话、懂事的孩子没有竞争力",更能看到孩子们现身说法、吐槽家长——"我终于活成了父母眼中最听话懂事的女儿,但我不快乐",也有十年后的孩子后悔没听家长的话——"十年前真不听这些,十年后后悔没听到心里去"。

总之在今天的中国,迎来了一个各式教育理念遍地开花,传统和现代激烈冲突的时代,也给了人们一个可以重新审视家长权力的契机。

怎么看待"听话教育"

"听话教育"强调孩子需要服从父母、老师和权威,这种教育方法在过去被普遍接受和实行,因为它强调纪律、秩序和社会等级。

有些人认为,在某些情况下,孩子的听从和服从是重要的品质,有助于建立秩序和规则。在教育过程中,孩子需要学会尊重他人的权威,遵守规则,并且从他人的指导中获益。这种教育方法可以帮助孩子培养纪律性、责任感和团队合作能力,这为他们的规则适应性提供了基础。此外，"听话教育"还可以帮助孩子避免危险和伤害，保证他们的安全和保护，这也是家长非常看重的一点。当然，"听话"一定会折损一部分自我和独立。

首先是对个性发展和创造力的压制，过度强调遵从和服从可能会限制孩子们独立思考和表达自己的能力。他们可能变得过于依赖他人的指导，缺乏自主解决问题的能力。这可能削弱他们的创造力和创新思维，让他们无法适应日益变化的世界。

此外，"听话教育"也可能忽视孩子的需求和意见。孩子们应该有机会表达自己的意见和想法，并参与决策过程。仅仅依赖权威人士的指示可能忽略孩子们作为独立个体的权益，导致他们在成长过程中缺乏自信和自我表达的能力。

现代教育强调培养学生的创造力、批判性思维和问题解决能力，这需要学生有机会表达自己的想法、提出质疑并参与讨论。过度依赖"听话教育"可能会抑制孩子的主动性和自我发展。

我们应该关注生活中那些过于听话的孩子，他们可能会因为追求乖巧和听话而压抑自己的真实情感和需要，这可能对他们的情感健康和自我认同造成负面影响。

如何平衡

听话，听谁的话，怎么听……我们需要在教育中寻找

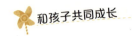

平衡。

　　首先,家长应该尊重孩子的个性和独特性。父母应该鼓励孩子们独立思考、发展自己的兴趣和激情。同时,也需要培养孩子们的责任感和纪律,让他们明白遵守规则的重要性。这可以通过创造积极的学习环境,鼓励孩子们参与决策和问题解决的过程来实现。

　　第二,要培养孩子批判性思维。教育应该注重培养孩子的批判性思维能力,让他们学会质疑和思考事物背后的原因和意义。这样的培养将帮助他们成为独立思考和自主决策的个体,而不是盲目听从权威的执行者。

　　第三,强调合作与合理性。现代教育鼓励合作、协商和理性沟通,而不是仅仅依靠权威的支配。孩子们应该被教育成为能够在团队中合作和交流的人,同时也能够表达自己的意见,并与他人就问题达成共识。

　　第四,对孩子进行个性化教育。每个孩子都有独特的需求和兴趣,应该给予他们个性化的教育支持。施教者和家长应该关注孩子的发展,鼓励他们追求自己的兴趣和激情,并提供相应的资源和指导。

　　"听话教育"在某些方面具有积极的影响,但也存在一些限制和问题。现代教育趋向于寻求平衡,注重培养孩子的独立思考、创造力和合作能力。通过个性化教育和关注孩子的全面发展,我们可以为孩子们提供更丰富、更有意义的教育体验,帮助他们成为独立、自信和有创造力的个体,为未来的挑战做好准备。

深度阅读

虚假自体

"虚假自体"（False self）是英国著名精神分析学家唐纳德·温尼科特（Donald Winnicott）提出的心理学概念，用于描述个体在与他人交往和社会互动中所表现出来的不真实、外显的自我。虚假自体是个体为了适应他人的期望和社会规范，而抑制或掩盖真实内心感受和需求，所形成的一种假象自我。

温尼科特认为，虚假自体的形成通常是为了应对早期的环境和社会压力，特别是对于与主要照顾者的互动。在早期发展阶段，如果个体感到自己的真实自我没有被充分接纳和认可，他们可能会逐渐形成虚假自体，以获得他人的喜爱和支持。这种自我抑制和掩饰内心真实感受的行为，有时也被称为"适应性伪装"。

虚假自体可能是一种保护性的机制，但长期来看，它可能会导致个体失去真实的自我感知和内心连接，导致心理上的困扰和情感上的压抑。温尼科特强调，个体的心理健康和成长需要恢复和发展真实的自我，重新连接和认识自己的内心需求与情感。

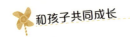

二、关闭网游能让孩子远离上瘾、回归学习吗？

解决问题的第一步，不是解决掉提出问题的人，而是回到问题的本身，了解问题的本质。难道把网络游戏禁了，就能拯救我们的孩子？

青少年在游戏中到底获得了什么，令他们如此痴迷？

如果说游戏毒害青少年，那么为了拯救青少年，把游戏禁了不就行了？但是，把游戏从地球上清除掉，就不会有另一个什么"戏"，让孩子上瘾的吗？游戏本身是关键吗？

为什么有的孩子玩游戏容易上瘾，有的却不会？

首先我们来看看，网络游戏的本质是什么。网络游戏和传统游戏一样——比如最常见的纸牌，只要是游戏，它的本质就是"求胜"，而且是一种无目的、纯粹的"求胜"。工作事业上的"求胜"或许还带有养家糊口的"刚需"，而游戏以一种看似娱乐放松，毫无事业心的方式完成了人们最纯粹的"求胜欲"的满足。

人们为什么对"胜利"如此着迷？因为胜者为王，王者，众所瞩目也。用社会学的术语来说，就是社会重要性。生而为人，一定有重要性的需要，一定有被注视、被观望的需要，不在这里获得满足，就要在那里追求满足。所以网游就是缩影版的社会，甚至比社会更加直接、赤裸，从青铜、白银、黄金，到钻石乃至最高等级王者，都被游戏设计者安排得明明白白、清清楚楚。

此外，网络游戏比传统游戏更容易让青少年沉迷的一点就是，它创造一个可持续化存在的虚拟世界。一把牌玩完就结束了，但是网游不会，它是持续性的，可以让人一直身处其中，沉醉其中。一个孩子如果在课堂上不受老师待见，在家里被父母忽视，但他在网游中不仅可以呼朋唤友，甚至成为王者，从而是很难从其中拔身而出的，因为待在里面的感觉实在太好了。

这种"好的感觉"，和在教室里被老师表扬、被同学羡慕的"好的感觉"，对于当事人来说体验感上是一样的（社会后果的不一样是另一个话题）。所以，孩子想要获得的不是游戏本身，而是另一种东西。把分数考得高高的，这种东西也能获得。

对待孩子打游戏，首先必须要认知到游戏到底满足了孩子什么需求，再来谈其他。先不要一上来就做价值判断，是非定论。孩子自己也知道这样不好，但是打游戏带来的"好的感觉"、重要性，被关注、被围观，是他内心所渴望的。

空虚感和网游成瘾

网游成瘾的背后，父母需要反思的是："我真正花时间花心思和孩子建立联系了吗？""孩子在家庭和学校的场域中获得重要性了吗？"

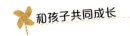

当你自己沉迷于手机时会发生什么？

你的身体离孩子很近，但是心里却离孩子很远，有时甚至不自觉地屏蔽孩子发出的情感关注的需求信号……

不被关注或较少被关注对所有人来说都不会是好的体验，对孩子来说，更是影响深远。长期在被忽视环境中长大的孩子会有"空虚感"，那种空虚可能使人日后对某种东西上瘾。他们会经常觉得得不到满足、觉得不完整，但又说不出具体是什么，因为这种无法控制、无法缓和的感觉，他们会让自己投入到一种可以忘我的事物中去，比如网络世界，用虚拟的联系来填补现实的空白，来寻找存在感、确定感。①

相关研究认为，空虚感越高越会让孩子沉浸于网络世界中寻找填补，而长时间的上网所造成的落差冲击也会让人对现实感到一种失落和空虚感，这样的失落和空虚感又会刺激孩子重新投入到互联网中，从而形成一种恶性循环。② 成瘾是一种快乐并伤害着的状态，上瘾的物质或行为会让人一时间感觉到快乐，让他害怕停止下来，一旦停止下来，就会产生更加浓厚的空虚感、不安全感，甚至带来伤害。上瘾的行为会反复出现，当明确知道这种行为已经过度的时候，依然无法停止这种行为，甚至感觉只有不断增加在这种状态中的时长，才能

① 陈皮.情感忽视对孩子造成的伤害不容忽视［EB/OL］.（2022 - 11 - 26）https://learning. sohu. com/a/610408825_121386456.

② 跨鹿.上网会让你变得更加空虚吗［EB/OL］.（2019 - 01 - 10）https://baike. baidu. com/tashuo/browse/content? id=3b66e4b1a4d5c9713e12245d.

获得快乐和安全。①

如何做

在现代社会中,父母可能因工作繁忙或其他原因而忽视与孩子的互动和沟通,这可能导致孩子感到被忽视、孤立和无重要性。为了建立良好的亲子关系,父母需要花时间与孩子进行面对面的互动,包括聆听他们的想法和感受,参与他们的兴趣爱好,与他们一起进行有意义的活动,并给予他们关注和支持。这种真正的互动可以帮助孩子感到被重视和重要,增强他们的情感安全感。

此外,家庭和学校环境也对孩子的重要性和自我价值感起着至关重要的作用。孩子需要在家庭中感受到爱和关怀,被接纳和尊重。他们也需要在学校中得到认可和支持,有机会展示自己的才能和成就。当孩子在这些环境中感到被重视和重要时,他们更有可能建立积极的"现实成就感"。

因此,父母应该反思自己在日常生活中与孩子的互动方式,并努力营造一个有意义、支持和尊重的成长环境,这样的努力可以帮助孩子更好地处理和手机、网络的关系。

人,只有和人多接触,才能更加像一个人,而不是机器。你的孩子,需要和你建立更紧密的真实联系,才能实现健康的

---

① 沈家宏. 空虚缺乏安全感的你,容易对一个人或一件事上瘾[EB/OL].（2022－05－23）https://baijiahao. baidu. com/s? id＝1733566754840799912&wfr＝spider&for＝pc.

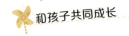

成长和发展。

三、孩子得多吃点苦才能有出息吗？

流水不争先，争滔滔不绝，孩子在漫漫人生路上，能够持续不断走下去的动力来自哪里？

"你得多吃点苦才能有出息"

"你得多吃点苦才能有出息"，是这样的吗？

关于这个问题，在网络上颇有人气的清华才女李一诺在短视频中讲述了这样的观点：①

> 因为我自己是博士，所以周围也都是博士、博导。我问过一位博导一个问题：您带了 20 多年的学生，看他们成长然后成就一番事业，您觉得有什么规律吗？
>
> 他说一开始觉得就是这种苦孩子家里物质条件非常匮乏，他们肯定奋发图强，肯定会觉得"我"这个机会特别难得，"我"一定要做好。在一段时间里面，也的确是这样的，这些孩子在读博士期间工作非常努力，发表的论文也多。

---

① 案例来源：微信视频号"一土全村"，《高成就孩子的后劲从哪里来》，2023 年 2 月 1 日发布。

但是再过 5 到 10 年，就发现不一样了。这些孩子就没有动力了，他达到一定程度之后就不做了。反而是有爱的家庭，这种家庭可以给孩子很大的富足感，不只是物质上的富足感，还有精神上的富足感，对孩子是认可和信任的。他说他发现这些孩子的路会走得更远更长，也会有些意想不到的事业上好的发展。

李一诺讲述的这位教授的观点引起了两个方面的争议：

第一，孩子的内驱力来自哪里？孩子持久的内驱力，也就是常说的人生"后劲"来自哪里？

第二，爱需要以家庭物质基础为必要条件吗？心理贫穷或者说爱的荒漠和物质贫穷之间是什么关系？

争气

有一种观点认为，有理想的人追求真理，没有理想的人只想"争气"，让别人看得起，一旦"争气"争到比周围人好一点，就没动力了。他们努力改变物质现状，改变之后就突然空虚了。不忘初心的人始终有少年感，追随内心、旨在活出真我，没有自我的人一直在意他人的目光，活给别人看，这可能是为了跳出"苦海"而发奋图强缺乏可持续性的原因之一——这只是人生中的一个项目，而不是人生模式。

一个人面临成长困境的内在逻辑，是他在原生家庭里没

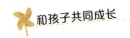

有感受到足够的爱而导致精神上的匮乏感和人生的茫然感，这往往会造成孩子发展的后劲不足，让他不能全心投入。

爱带来人与人之间互相信任和被人理解的美好感觉，所有正面情绪都是基于爱，就跟安全感一样，不是谁有、谁完全没有，只是多与少的问题。爱、感恩、喜悦、平静这种高能量拥有比较多的人有由内而外的自信和生生不息的创造力。

如果你经常处在爱的频率当中，那么内在、外在都会非常丰盛富足、成就也会很高的。人活一世，谁都不可能一直顺风顺水，痛苦是人生的必修课，成长期充沛的爱意能够帮助孩子直面痛苦的人生和坎坷，会让他走得更轻松一点。反之，不是不能走，而是走得艰难一点，孩子要靠后天的醒悟和反复挣扎来实现自我治愈。

有爱的家庭氛围给孩子精神上的富足感，让他在人生的道路上更容易有事业上的发展，也更容易遇到和把握意想不到的机遇。

穷会无爱吗？心理贫穷和物质贫穷有关联吗？

当我们问到这个问题时，网友们争论纷纷：

"没有物质的富足，哪有尊严、眼界和多余的时间去做自己喜欢的事情。"

"有关联，但我觉得主要取决于父母或家里长辈的素养，和文化程度也不成正比。有的家庭不富有，但对孩子是富养的,让孩子觉得自己很富足。这样长大的孩子更有大局观,而不局限于为个人的利益而努力。"

"到底多穷算穷到连爱别人的条件都没有?资源匮乏的家庭难道就没有爱了?"

"高成就的孩子肯定是那种什么都有,不需要担心,没有后顾之忧的。安全感充足的人才会不担忧任何事情。"

······

经常有人会用"拿起砖头就不能抱你,放下砖头就没法养你"这句话来将爱的给予和物质供给二者对立起来。这可能是有问题的。我们再忙再累,都有时间去刷手机,却完全没有时间和孩子聊聊天?

真正的原因可能是,这样的父母也是在没有爱、不注重情感沟通的环境中长大的:第一,自己没有爱,也就没有能力给予爱;第二,自我反思和反省的能力较弱。一部分在无爱环境长大的家长,通过读书等机缘,意识到问题,并正视问题、面对问题,可能会比在爱中长大却无知无觉的父母,更觉知地重视爱、实践爱。

爱并不一定需要物质作为必要条件。爱是一种情感和关系,它涉及情感的表达、支持、尊重、关怀和理解等,这些方面可以在物质条件匮乏的情况下存在和实践。爱的本质是关于情感和情感连接,而不完全依赖于物质财富。

心理贫穷和物质贫穷之间存在一定的关系,但并非必然相关。心理贫穷指的是在心理层面上的贫困,如缺乏自

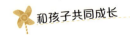

信、缺乏积极的情感体验、无力面对挑战等。一些观点认为物质贫穷可能导致心理贫穷,因为在贫困的环境中,人们缺乏满足基本需求和追求个人成长的机会,这可能对他们的心理健康产生负面影响。例如,缺乏教育机会和资源的贫困家庭的孩子可能面临自尊心的挑战,从而影响他们的心理发展。

但是,心理贫穷和物质贫穷之间并不是简单的因果关系。在一些情况下,人们可能在物质贫穷的环境中培养出积极的心理素质,如适应能力、坚韧和创造力,来应对挑战。同时,一些物质富裕的家庭可能存在心理贫穷,如缺乏情感联系、亲密关系缺失等。我们更要关注的是,心理贫穷可能带来物质贫穷。心理贫穷可能导致个人缺乏积极的情感体验和动力,影响他们的工作能力、学习能力和社交关系,进而影响其经济状况和机会。

总之,无论父母在物质上能给予孩子多少帮助,都不是孩子能否走得更远、更好的主要原因,只有那些给孩子最大的认可、理解、包容和爱,这样的家庭、这样的父母才能成为孩子成长的终极驱动力。

第二节 不成熟的父亲

一、是爱得深沉还是情感不成熟

是爱得深沉还是情感不成熟？是不擅长表达爱，还是抗拒和儿子建立紧密的情感联系？

谁规定我一定要喜欢你

在电影《藩篱》中，有一段非常精彩和写实的演绎：

> 子：为什么你从不喜欢我？
>
> 父：谁说我一定要喜欢你，哪条法律规定父亲一定要喜欢儿子？
>
> 子：没有。
>
> 父：那就对了。你每天能吃饱吗？
>
> 子：能。（Yes, sir.）
>
> 父：你有地方住吗？
>
> 子：有。
>
> 父：你有衣服穿吗？

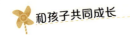

子：有。

父：你认为这是因为什么？

子：因为你喜欢我吗？

父：喜欢？你大概是我见过最蠢的人，那是我的职责，我的责任所在。一个男人，就该照顾他的家庭，你住在我的房子里，吃我买的食物，睡在我的床上，是因为你是我的儿子，而不是因为喜欢你，这是我的责任，我得承担起这个责任，我不需要喜欢你。蓝道先生给我发工资，不是因为他喜欢我，而是因为那是他该做的，现在我已经给了你所有我应该给你的，我给了你生活，从今天开始你再也不要纠结别人是否喜欢你！

两位黑人演员的精彩演绎让这部美国电影激起了中国网友的激烈争论，因为这位美国父亲更像不善于表达"爱"的中国父母，激起很多中国老父亲的共鸣：这个世界很残酷，活着已经很艰难了，一个男人，最重要的事情是担当和责任。

但是如果角色互换，我们再来看一下能否接受——年迈的父亲躺在病床上，儿子告诉他：我不爱你，我照顾你仅仅是因为作为儿子的责任而已。

我们会不会觉得这个儿子无情，如果这种言论被放到网上，这个儿子会不会被网暴？那么为什么角色一换，对着孩子吼"我怎么对你不好了？我给你吃给你喝，你还要怎么样"就合情合理了？

情感不成熟的父亲

我们经常把这种现象归结为中国父母爱孩子但是不擅长表达爱。建议家长们去看一看这个电影片段（表演写实且到位）：这位父亲谈不上不爱，但是在抗拒和儿子建立紧密的情感联系；当半大的男孩子放下自尊、鼓足勇气问出"为什么你从不喜欢我"的时候，多半是因为长期感受不到父亲的爱，却又期望甚至乞求父亲的爱，但是很明显，被父亲拒绝了。

这样长大的男孩，如果没有反省和觉知，今后可能同样无力和自己的儿子建立亲密的情感联系，并会以"男人的气概""父亲的责任"自诩（而且他们会真诚地认为男人就该如此），并贬低"爱"的价值，或者说，将前者至于价值体系较高的位置上，将后者置于较低甚至负面的位置上。

吉布森在其心理学著作中，将这种父母定义为情感不成熟的父母①。不幸的是，因为文化差异（或许文化差异也只是托辞），中国存在不少事实上情感不成熟，却津津乐道于自己"深沉的父爱"的父母。

和情感不成熟的父母一起生活会让人感到很孤独

"情感不成熟的父母也会关心孩子的身体健康、为他们提

---

① 琳赛·吉布森.不成熟的父母［M］.魏宁,况辉,译.北京:机械工业出版社,2017:1.

供膳食并且保障他们的安全，言行举止都很正常。但是，这些父母就是不与他们的孩子建立稳定的情感联系，孩子们会感到内心非常空虚。被别人忽视引起的孤独感与其他身体伤害一样令人痛苦，只是前者不易被发现。"①

这是一种怎样的感觉？也许正如网友的描述："在我家里，大家各过各的，彼此之间完全没有情感交流。就像平行的线，完全没有交集。高中时，我的脑海里常常浮现出一幅画面——我独自一人漂浮在海上，身旁没有一个人——这就是我在家里的感受。"

情感不成熟的父母表现出一系列特征。他们可能缺乏情感表达的技巧，无法有效地表达爱、关心和支持。他们可能对子女的情感需求漠不关心，或者无法理解并满足子女的情感需求。这些父母可能对自己的情绪和需求感到不安，因此往往会避免与他人建立亲密关系。他们可能缺乏自我反省和自我意识，无法认识到自己的情感不成熟，并且往往将责任归咎于他人。②

这种情感不成熟对子女产生深远影响。首先，子女可能会感到内心空虚和孤独。由于与父母无法建立稳定的情感联系，子女会感到情感上的缺失和孤独感。他们可能渴望与父

---

① 琳赛·吉布森.不成熟的父母[M].魏宁，况辉，译.北京：机械工业出版社，2017：8.

② 琳赛·吉布森.不成熟的父母[M].魏宁，况辉，译.北京：机械工业出版社，2017：8.

母建立深厚的情感联系，却遭遇父母的拒绝或忽视。这种孤独感可能会对子女的心理健康和自我价值产生负面影响。①

其次，情感不成熟的父母往往以自我为中心，缺乏对子女的关注和理解。他们可能无法体察子女的内心感受，并且对他人的情感需求漠不关心。他们可能会对子女的情绪反应产生负面情绪，甚至会惩罚子女的情感表达。这些行为阻碍了子女与父母之间的情感交流，使子女不愿意表达自己的情感和需求。②

吉布森进而指出，作为一个孩子，如果遇上情感不成熟的父母，无法在情感上给予自己足够的支持，孩子很难发现问题的根源，他们会误以为这种空虚、孤独是自己独有的、奇怪的体会，很难洞察到这种空洞的感觉是因缺乏足够的陪伴而产生的正常、普遍的反应，是成长过程中缺乏足够的共情造成的。③

我只想快点长大，长大之后一切又回到了原点

情感不成熟的父母会对孩子产生深远的影响，这种孤独感在孩子成年后可能仍然存在，即使他们已经成年、独立并建立了自己的生活。

---

① 琳赛·吉布森.不成熟的父母[M].魏宁，况辉，译.北京：机械工业出版社，2017：8.
② 琳赛·吉布森.不成熟的父母[M].魏宁，况辉，译.北京：机械工业出版社，2017：10.
③ 琳赛·吉布森.不成熟的父母[M].魏宁，况辉，译.北京：机械工业出版社，2017：11.

他们可能选择将自己的情感需求隐藏起来,因为他们已经习惯了在家庭环境中被忽视或无法得到满足。这导致他们在与他人建立关系时很少表达自己的情感需求。他们将别人的需求放在第一位,而忽略了自己内心最深处的情感需求。这种隐藏和抑制情感需求的行为会阻碍他们与他人真诚交流,进一步加深了孤独感。①

"由于缺少父母的支持及与父母的交流,很多情感被剥夺的孩子都希望能忘记他们的童年。他们发觉最好的解决办法就是快点长大,早日独立。这些孩子有些少年老成,但他们的内心依然很孤独。他们通常有些早熟,希望能尽早找到工作。他们仿佛在说,既然我已经能够照顾自己了,不妨就这样走下去,总会好起来的。他们渴望成年,因为他们认为成年后就可以获得自由和属于自己的机会。"②

然而,即使他们在外表上看起来正常和成功,内心的孤独感依然存在,这种孤独感可能会一直伴随他们,影响他们的婚姻和家庭生活,并且更糟糕的是,在他们成为父母后,会将这种冷漠的模式延续到下一代的亲子关系中——拒绝和孩子建立亲密的情感联系,就像前文讲到的电影《藩篱》中一样。

于是,一切又回到了原点,并且开始新的轮回……

---

① 琳赛·吉布森.不成熟的父母[M].魏宁,况辉,译.北京:机械工业出版社,2017:13.

② 琳赛·吉布森.不成熟的父母[M].魏宁,况辉,译.北京:机械工业出版社,2017:13.

如何觉知和改变

那么,我们如何避免将一切又回到原点,如何觉知自己曾经遭遇的问题,不再将这个模式带给我们自己的孩子?

首先,我们需要意识到我们父母的情感不成熟并接受这一现实。这意味着我们需要理解父母无法提供他们的情感支持,并接受他们的局限性,这种接受可以帮助我们真正放下和和解。这并不意味着放弃与父母的关系,而是学会与父母建立更健康的互动方式,同时保护自己的情感边界。

其次,建立自我边界和保护自己的情感健康。我们需要学会保护自己不受父母情感不成熟的影响,并与父母建立明确的边界。这意味着我们要学会保持适当的距离,并确保自己的情感需要得到满足,无论是通过自我关爱还是与他人建立健康关系。

此外,我们需要培养自我意识和情感成熟度。我们应该深入了解自己的情感需求和情感反应,并学会与他人尤其是自己的孩子(特别是父亲和儿子)建立亲密关系。

最后,我们需要认识到自身的价值,并寻找独立于父母情感支持的来源,可以通过各种方式来增强我们曾经渴望得到却没被父母认可的自我价值感。

总之,通过深入分析"情感不成熟的父母对子女的影响"这一命题,理解父母的情感不成熟,并学会保护自己的情感健康、培养情感成熟度以及发展自我价值感,是切断模式代际循

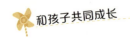
环,和孩子建立健康亲密情感联系的最关键步骤。通过这些努力,成年子女可以减轻情感不成熟父母对自己亲子教育的负面影响,在孩子的自我发展和情感健康方面取得更好的结果。

二、情绪化的爸爸

情绪黑洞如同太空中的黑洞,会由内至外无边无际地席卷、吞噬自己,并吞噬其他人,使得亲密的人也跟着陷入低落的情绪……

"情绪黑洞"

这几年越来越多的年轻人"get"到新的词汇——"情绪黑洞""情绪价值""精神内耗",那么什么是情绪黑洞?

黑洞,天体物理学的著名现象和名词:黑,表明它不会向外界发射或反射任何光线、电磁波;洞,说的是任何东西,只要一进入它的边界,就休想再溜出去……

情绪黑洞如同太空中的黑洞,会由内至外无边无际地席卷、吞噬自己,并吞噬其他人,吸干周边的一切正能量,使得亲密的人也跟着陷入低落的情绪……

我们看到有些家庭中的男士,因一点儿小事就暴怒、上纲上线,其实是在向伴侣或者孩子索取情绪价值。他们希望伴侣或者孩子能以绝对优质的情绪价值填补自己内心的黑洞,自己源源不断地发泄、索取,却很少考虑给予别人情绪支持和满足。

在低情绪价值的家庭中,孩子们经常要面对长辈的暴躁情绪,并被要求顺从,却长期没有得到情感指导和范例来学习如何提供情绪支持,这对他们的情绪健康会产生比较严重的负面影响。在这种家庭氛围长大的孩子,很难生发出情绪价值,他们可能无法有效地化解自己的负面情绪,而是积累更多的怨气。这种怨气可能会在某一时刻爆发出来,也可能通过引发冲突或者精神内耗的方式释放出来。

孩子往往是家庭的一面镜子,他们会反映出家庭中的情感状态。如果家庭中存在情绪黑洞,无论怎样对待孩子,他们会反映出一堆负面的自我形象。于是乎,我们可能看到——情绪化的家长容易养出情绪化的孩子。

情绪管理时的"两个核对"

育儿本身就是一项艰巨的任务,父母承担着巨大的责任和压力。他们可能要同时兼顾工作、家庭、孩子的需求以及其他生活方面的责任,这些压力和负担会逐渐积累,导致情绪的负面影响。

而有些父母本身就存在情绪管理困难,缺乏有效的情绪调节和应对策略。他们缺乏对情绪的认知,无法有效地处理和表达自己的情感,他们的个人经历和过去的创伤经历可能会对情绪产生深远的影响。童年时期的伤害、家庭冲突、亲密关系问题等都可能在他们的情绪中留下痕迹,从而导致情绪黑洞的形成。对此,家长在做情绪管理的时候可以去做"两个核对":

"第一个就是你要去核对,自己有没有未说出的情感,或者有没有未完成的期待。比如说很多爸爸在他自己的原生家庭当中,在他小的时候,可能父母就没有给过他很多认可。我到底是一个什么样的人？答案一直停留在过去的回忆当中。到现在为止,很多成年人都在等待着父母给他一个认可和肯定。如果这部分没有完成,他们的情绪是很难稳定的。不管你怎么做情绪管理,你就是做不好。这是第一个问题。第二个问题,我们要去核对孩子的创伤性事件到底有没有修复。比如说有些孩子曾经遭到同学霸凌,或者是在原生家庭当中,有非常严重的重男轻女现象。这些问题对于孩子而言,都是创伤性事件。"①

面对孩子,勇于表达真实的感受和承认错误

孩子对父母的情绪是非常敏感的。如果父母在表达不满或愤怒时不加控制,孩子可能会感受到恐惧、焦虑和不安,并且将责任归咎于自己。

对此,保罗娜·肖伯特的建议是,父母应该开放、适度地表达自己的感受、想法以及需求。

"谈论自己的感受并不总是一件容易的事。我们比较擅长的是大吼大叫和发脾气。而忌妒、委屈、不安全感、不够好、

---

① 聪爸.家长管理不好自己的情绪其实是有两个更深层原因[EB/OL].（2022 - 11 - 11）https://baijiahao. baidu. com/s? id = 1749178487624569580&wfr= spider&for= pc.

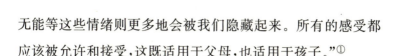

无能等这些情绪则更多地会被我们隐藏起来。所有的感受都应该被允许和接受,这既适用于父母,也适用于孩子。"①

　　简单说,就是要真诚地表达,让我们的言语和我们的感受以及想法保持一致。保罗娜·肖伯特列举一种情境的多种不同反应来说明这个问题。

　　　　因为跟伴侣吵架,我哭了。孩子走过来问道:"你怎么了?"

　　　　第一种可能性:"我没什么!"

　　　　对于孩子来说很明显,肯定有什么不对劲。他看到了妈妈的眼泪并且感觉到了她的悲伤,听到的却是:"我没什么!"孩子听到的和看到的不相符。

　　　　第二种可能性:"我很伤心,跟爸爸吵架了。但你不用担心,我们会解决好的。"

　　　　如果吵架确实跟孩子无关,你应该让他知道:"这场吵架不关你的事。"这可以把孩子从问题中解脱出来。他会知道,他不是父母吵架的原因。②

　　人都有情绪失控的时候,但是情绪失控,或者将自己坏情

① 保罗娜·肖伯特. 做强大而不强势的父母[M]. 李兴,译. 北京:中信出版集团,2022:96.
② 保罗娜·肖伯特. 做强大而不强势的父母[M]. 李兴,译. 北京:中信出版集团,2022:99.

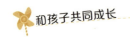

绪传染给孩子后,要能及时做出修补,要勇于向孩子道歉,来减少对孩子的伤害。

每个人都会做错,身为父母或子女都很难避免。问题在于你能不能在做了错事之后反思,尽量弥补或避免,而不是担心自己威严受损,或者形象受损,只以自己的感受为中心。甚至知道会造成伤害,但是为了作为父母的面子或者权威,一味地说"我这不是为你好吗""怎么这么记仇,天下无不是的父母",这才是最可怕的。

借用一位网友的话来警醒我们:多少孩子最初受到的伤害就是来自无知又固执的父母。他们并非故意,他们受限于他们的局限,他们其实很爱孩子。但有些伤,太深了,太痛了,即便时光流逝也消除不了丑陋的疤痕。

三、人人心中都有一只猛虎

人人心中都有一只猛虎,这是每个人都必须面对的。我们该如何与自己的孩子聊聊这只老虎?

《少年派的奇幻漂流》①

电影《少年派的奇幻漂流》中,主人公派与老虎帕克的第

---

① 2012 年《少年派的奇幻漂流》在中国上映之后,在年轻人群体中掀起了如潮解读,尤其是在当时的豆瓣网等平台上,其中对影片相关的人性解读之深刻让执导演李安都叹服。这一段关于影片的简介,综合了杨天东等影评人的文字。参见:杨天东. 每个人心中都有一只孟加拉虎[N]. 光明日报,2013－01－07(7).

一次见面是在父亲的动物园里。天性善良的派凝视着帕克，坚信它不会伤害自己，但派给它喂食的举动让他差点丢掉了自己的性命。派的爸爸现场演示"羊入虎口"，用血淋淋的事实告诉派老虎有多么凶残，而"你在它眼睛里看到的是自己的倒影"。

派与帕克在海难中第二次相遇。在那汪洋中的一条船上，派先后看着鬣狗把斑马和猩猩吃掉，老虎把鬣狗吃掉……在九死一生、无比艰难的海上漂流逃难的过程中，派终于制衡了这只凶猛的、随时准备吃掉自己的猛兽。

两个随时想干掉对方的生物就这样巧妙地找到了彼此支撑的平衡点，相互陪伴着抵达生存之岛。

少年派倒在沙滩上，老虎帕克从船上跳下，在少年派的注视下，帕克径直走向森林入口，稍作停留，却并不回头，然后消失在森林里。

"它再也没有回头。"

每个人心中都有一只老虎

帕克是派在漂流途中的唯一伴侣，他既是派的生存希望，也是派内心的野蛮本能。派在与帕克的相处中体验到了野性和自由，同时也面临着被威胁和伤害的风险。

猛虎象征着人类内心中的冲动、野性和原始本能。在现实生活中，每个人都会面对各种挑战和困境，需要在内心中找到平衡和解决方案。有时，人们可能会被自己内心深处的猛

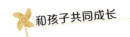

虎所困扰，感受到内心的冲突和挣扎。这种内心的猛虎可以是各种负面情绪、恐惧、压力、怀疑、欲望等，它们可能使人感到不安、痛苦甚至迷失。

在《少年派的奇幻漂流》中，派与帕克之间的关系体现了这种内心矛盾的对抗。派作为一个幸存者，不仅面对着生存的压力，还要与帕克这只虎保持相对和谐的关系。派必须找到与这只猛虎和平共处的方法，否则他将无法在漂流的艰难环境中存活下来。

这种内心的矛盾和挣扎在人类生活中也是普遍存在的。

我们每个人都有内心的猛虎，即我们的内在冲动和欲望，与我们所追求的理性和道德之间发生对立。我们可能会经历与派相似的情境，感到内心的冲突和困扰。如何与内心的猛虎和解，如何平衡我们的欲望和责任感，是我们每个人都必须面对和解决的问题。

从心理学的角度来看，这只"老虎"可以被理解为我们内心深处的一种原始力量，它驱动着我们的情绪和行为，时而像一头温顺的宠物，时而像一只狂野的野兽。

每个人内心的老虎来自多种因素。首先，基本欲望和本能驱动是老虎存在的根源之一。人类有着生存、繁衍和满足基本需要的本能，当这些需要得不到满足时，就会激发起内心的冲动和欲望。这些本能驱动在某些情况下可能会超越理性的控制，从而产生负面的情绪和行为。

另外，社会环境和文化也对人们心中的老虎产生影响。

社会的价值观、道德规范以及他人的期望和评价，都会对个体产生一定的压力和冲突。当我们感到被限制或不被理解时，内心的冲动和负面情绪就会浮现出来，成为我们内心的老虎。

和这只老虎共处

人们内心中老虎的表现形式各不相同。有些人可能更容易受到愤怒和暴力冲动的影响，表现出攻击性和暴力行为。有些人可能更容易受到恐惧和焦虑的困扰，表现出回避、逃避或恐慌的行为。还有些人可能容易受到自我负面情绪的困扰，表现出自卑、抑郁或自毁的行为。

电影中派与帕克之间的关系揭示了一个重要的教育启示，即接纳内心的野兽。帕克代表着派内在的欲望、恐惧和原始冲动。通过与帕克的相处，派逐渐学会了接纳和理解自己内心的冲突和欲望，并与之和谐相处。

这个启示告诉我们，人类的内心是复杂多样的，充满了各种情绪和冲动。有时候，我们可能会感受到愤怒、妒忌、恐惧或其他负面情绪，这些情绪就像内心的野兽一样。然而，重要的是我们要学会接纳和认识这些情绪，而不是否认或抑制它们。

当孩子们能够认识和理解自己内心的野兽时，他们就可以更好地处理情绪，避免过度压抑或爆发。

接纳内心的野兽，意味着孩子们可以一种积极的方式面对自己的情绪和冲动，找到适当的表达和发泄方式。这可以

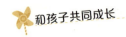

帮助他们建立健康的情绪管理能力,更加全面地认知自我,了解人的复杂性。

此外,接纳内心的野兽也教会孩子们宽容和理解他人。正如电影中派接纳了帕克一样,我们也应该学会接纳他人的内心世界和情绪表达方式。每个人都有自己的独特经历和感受,他们可能以不同的方式表达自己的情绪和冲动。通过理解和接纳他人的内心世界,我们可以建立更加包容和谐的人际关系。

第三节　我们如何做父亲

一、"摔跤吧爸爸"

每个人生下来,就如这跳蚤般受限……

我们是强化跳蚤之罩对孩子的禁锢,还是帮助孩子掀掉罩子实现更多的可能性?

如跳蚤般的人生两大限

科学家曾经做过一个实验,他们把跳蚤放在桌子上,一拍桌子,跳蚤立即跳起,而且跳的高度均为其身高的 100 倍有余。然后他们在跳蚤头顶上罩上罩子,再让它跳。第一次跳蚤就碰到了玻璃罩,连续多次以后,跳蚤跳的高度总能保持在罩顶之下。

一段时间后,科学家拿走了玻璃罩。但是,再怎么拍桌子,跳蚤都不会再跳出罩顶的高度。

每个人生下来,就像这跳蚤,面临两大限:一是有形的罩子,就是生存空间、资源空间;二是无形的罩子,就是思维格局。如跳蚤实验所直观展现的,思维格局会被生存空间禁锢但不是完全由生存空间决定,而一个人能动、挣扎的空间就在于,我们能在多大程度上掀掉无形的罩子,到达高端的思维层次,从而才有可能突破"命定"的结局,逆风翻盘。

这并不容易。对于亟需改变命运的人来说更不容易。

长期研究资源稀缺状态对人们思维方式影响的学者认为,底层的注意力被稀缺的资源过分占据,会导致其认知能力和判断力全面下降。穷人之所以穷,不是因为他们不够努力,而是因为长期贫穷,在巨大的经济压力下,他们把全部的注意力集中于如何挣钱,而忽视了更重要、更有价值的目标,造成心理焦虑和资源管理的"失能"。[①] 所以,生存条件和思维格局容易陷入恶性循环,但绝非死循环,仍然有破局的可能性。而觉知到这一点,就是重要的第一步。

---

① 熊易寒.穷人心理学:社会不平等如何影响你的人生[J].比较,2015(5):34—38.

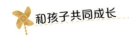
《摔跤吧爸爸》

关于电影《摔跤吧爸爸》的解读有很多，为什么还要在此再来解读一遍，是因为很多孩子可能并没有真正看懂这部优秀的影片。有一个女网友是这样说的："其实这部电影最让我感动的地方，不是童年地狱式的训练，不是赛场上的搏击，而是当吉塔进入国家学校，开始蓄长发、染指甲、逛街的时候。因为我觉得，这个小姑娘的身上承受了太多太多，似乎只有这时候，她才开始拥有真正的生活。说实话，我真心为吉塔在体育学院获得自由的那一瞬间为她祝福。这份自由太宝贵了，按照父亲设定的道路一直生活到现在，不曾思考过自己除摔跤之外还能做什么，不曾享受过童年，不曾享受过爱情，生活里除了摔跤，还是摔跤……没有自我的生活还有什么意思呢？"

这段话似乎挺有道理的，但是置入剧中角色的实际生存境遇之中，便可能就是局限性的跳蚤认知之罩。

电影里有一个非常重要的细节：两个女儿一开始是不愿意练习摔跤的，她们想像其他女孩子一样，每天化漂亮的妆，涂红红的指甲，想吃油炸食品就吃油炸食品，她们想尽办法逃父亲的课，直到她们见到马上就要出嫁的闺蜜。

（女儿）什么样的父亲才会逼迫自己的女儿成为摔跤手？！让她们5点就起来跑步，像奴隶一样辛苦，和男孩一样摔跤……其他人都不愿摊上这样的父亲。

（闺蜜）我倒希望有这样一位父亲，至少他是为你们着想，否则你们也会像我一样，从出生起，就要和锅碗瓢盆为伍，整天有做不完的家务，到 14 岁的时候就要嫁（卖）出去，最后被送到一个从未见过的男人面前，为他生孩子度过余生，这就是我的一生。至少你们的父亲把你们当作他的孩子，为了你们，与全世界对抗，为了你们忍受世人的嘲笑。为什么？为了你们能够主宰自己的未来。

优秀的电影，角色都是隐喻，代表一种类型。影片中这个阶段的女儿就是典型的"跳蚤思维"，只顾眼前，看不到罩子之外的世界，看不到命运的枷锁；而这位父亲，堪称伟大的父亲，他看到了真正捆绑女儿们的枷锁何在，他知道相比摔跤的辛苦，那种早早沦为"生育工具"，辛苦劳作、没有地位，而且没法选择、无法反抗的日子才是真正的暗无天日，是没有尽头的苦难。他用男人的担当和刚毅对抗世俗，对抗全世界，就是为了掀开罩子，让自己的孩子有更多的可能性。

是强化对孩子的跳蚤禁锢还是……

许多父母可能因为自身的困境和限制而无法为孩子提供更广阔的可能性。他们可能对孩子的梦想持怀疑态度，因为他们自己就没有实现过梦想或者遇到了挫折，这种思维方式会影响他们对孩子的教育和引导，他们会更倾向于选择安稳

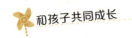

的生活路径,希望孩子也能如此。

这种做法往往会给孩子带来局限,孩子的梦想和潜力可能会被压抑,孩子可能会因为缺乏支持和鼓励而失去追求自己热爱的事物的勇气。当父母对孩子的能力和可能性持怀疑态度时,孩子也会开始怀疑自己的价值和能力,从而形成消极的自我认知。他们可能容易放弃努力、畏首畏尾,缺乏冒险精神和挑战自我的动力。

父母对孩子设限和低期望可能会导致孩子陷入平庸的生活轨迹。孩子可能会在自我设限的桎梏下不敢尝试新事物、不敢挑战自己,无法发现和发展自己的潜力。他们可能会认为自己无法超越父母,而接受平庸生活的命运。

当父母意识到自己对孩子可能造成限制,并决定改变时,可以采取以下行动。

一是提升自己的眼界和教育水平:父母应该主动学习和开阔自己的眼界,了解不同领域的发展和机遇,以便能够更好地引导孩子。他们可以通过阅读书籍、参加培训、与专业人士交流等方式,提升自己的知识和技能。

二是鼓励孩子追求梦想:父母可以鼓励孩子积极追求自己的梦想,支持孩子选择自己热爱的领域,并给予孩子必要的支持和鼓励。父母可以帮助孩子制定目标和计划,并在孩子遇到困难时提供支持和指导。

三是培养积极的心态和自信心:父母可以帮助孩子培养积极的心态和自信心,让孩子相信自己有能力克服困难和取得成功。父母要鼓励孩子接受挑战,勇于尝试新事物,不怕失败,并从失败中学习和成长。

四是提供资源和机会:父母可以为孩子提供必要的资源和机会,帮助孩子发展自己的潜力。其中包括提供学习资料、参加培训课程、参加社区活动、与行业专业人士交流等。父母可以帮助孩子寻找适合他们发展的领域,并提供必要的支持和资源。

通过以上努力,我们可以逐渐改变对孩子的限制,为他们创造更广阔的可能性。重要的是,父母要意识到自己的影响力和责任,并以积极的态度和行动来引导孩子,让他们相信自己有能力实现梦想并追求更好的生活。

深度阅读

跳蚤效应

"跳蚤效应"是指跳蚤调节了自己跳的目标高度,并适应了它,不再改变。这个实验观察了跳蚤在特定条件下的学习和适应能力,它们在被限制了跳跃高度后,逐渐调整了跳跃的力度和高度,使得跳跃不再超过被限制的高度。

很多人在追求梦想的过程中,可能会受到一些限制或者自我设限,心里默认了一个"高度",认为自己只能达到或跳到特定的高度。这种心理设限可能是由于过去的经历、社会观念、自我质疑等因素所致。类似于跳蚤在学习中形成固定的习惯,人们在心理上也可能形成固定的信

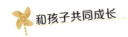
念,认为自己不能超越某种限制。这种心理设限可能会阻碍个人的成长和进步,让人在追求梦想时止步不前。

因此,理解"跳蚤效应"以及自我设限的存在,对于个人意识到自己可能存在的局限性是非常重要的。同时,认识到自己的梦想和目标并不是固定不变的,而是可以通过努力和适应不断提高的,有助于启发个人不断挑战自我设限,并努力打破这些限制,实现"不设限"的人生。

二、被委以重任的孩子

儿子/闺女,这件事就拜托你了!

寒门贵子,贵不只在状元及第,更是内心自贵

庞众望,大家可能不熟悉这个名字,但可能看过他的报道和视频。这位长相俊秀、笑似郭晶晶的男孩子在面对采访时平静地说"我没觉得我的家庭有什么哪一点拿不出手的,我妈妈那么好,我爷爷、奶奶那么好,我所有家人都那么好",让我很触动。

庞众望,2017年河北沧州高考状元,高考成绩裸分684分,加上强基计划的60分,总分达到744分。这样优异的成绩引起清华大学、北京大学等名校招生组的争抢。然而,当人们走进庞众望的家时,都被所见所震撼。

庞众望的家可以用"家徒四壁"来形容，贫穷的家庭环境让人感叹。庞众望的母亲患有先天性脊柱裂和下肢残疾，爷爷曾经多次经历脑梗，奶奶则患有严重的关节炎，行动不便。整个家庭靠年近70岁的爷爷奶奶捡废品为生。庞众望在6岁时被查出患有先天性心脏病，这使得家庭陷入了严重的财务困境。在初中时期，庞众望为了减轻家庭负担曾想过退学去打工。然而，他的母亲第一次对他发了脾气，并告诉他"读书是唯一可以改变命运的路"。①

家境贫寒，却脸上有笑、眼中有光，从来没有因为自己的家庭而自卑，对拥有着爱自己的家人骄傲自豪。如果说寒门贵子，贵不只在状元及第，更是内心自贵，实属难得。

为什么他可以？

第一，母亲和家人的爱，以及他能感受到母亲和家人的爱，这很重要。可以说，除了爱，这样的家庭什么都给不了孩子。我们习惯性地把物质和生活条件看作很重要的事情，甚至把它们当作无力给予爱的理由。在庞众望的家庭面前，可能我们没有资格说穷就无爱。

第二，他的父母没有施加权威的可能性。"威权"的母亲也许对满足她自己是好事，但对造就世俗意义上有出息的孩

---

① 央视新闻频道《面对面》栏目. 庞众望：长大成人［EB/OL］.（2017-9-17）http://m. news. cctv. com/2017/09/17/ARTIdPDjzzsFd4tge4sDPn4R170917. shtml? spm＝C96370. PsikHJQ1ICOX. Em32AuyOHUeL. 5.

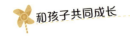

子可能并不是好事。

第三,使命和担当,强烈的内生驱动力,"被需要感"。通俗地说,就是一个人明确感受到"我是有用的"。天生我才必有用,每个孩子都是有用的,但是很多孩子感受不到。为什么? 父母一天到晚都在"为了你好",那孩子能感受到自己有啥用? 他完全感受不到自己能够给家庭带来改变和荣耀,他还会有什么动力?

儿子/闺女,这件事就拜托你了!

庞众望的案例比较特殊,他肩负的责任对于孩子来说可能过于沉重。但我们从中可以被启发的是,通过"委"以合适分量的"任",帮助孩子感受到自己有用、自己被需要,从而让孩子形成内生的奋斗动力。

对于大多数家庭来说,让孩子承担家务是很好的开始。这可以帮助他们感受到自己的被需要和被重视,从而生成自我价值感。通过参与家务,孩子可以实际地体验到自己是家庭的一员,并获得被接受和认可的感觉。此外,当孩子意识到他所做的事情对家庭有用时,会产生一种成就感,进而增强自尊心。

在给孩子安排任务时,需要向他传达父母对他的信任和期望。这样的传达可以让孩子感受到父母对他的重视,并激发他对任务的责任心。

同时,当孩子忘记或想偷懒时,父母也应该认真对待,并要求孩子坚持履行自己的职责。通过这样的坚持和要求,孩子能够逐渐培养出责任感和自律能力。

当然，在孩子年幼的时候，可能会带来一些麻烦或需要父母的指导。但是，一旦我们把任务委托给孩子，就要尽量避免过多干涉，即使我们对孩子不太放心，也要忍住并在一旁静静观察和守候。①

总之，通过让孩子担当"重任"或者说承担一定任务，我们可以帮助他们发展责任感、自律能力和自我价值感。这不仅有助于他们在家庭中更好地融入和成长，还为他们将来的生活和社会互动奠定良好的基础。

> **深度阅读**
>
> ### 力的心理学
>
> "力的心理学"（Psychology of Power）是阿尔弗雷德·阿德勒在个体心理学中提出的重要概念之一。它强调了力的概念在个体的心理发展和行为中的重要性。
>
> 在力的心理学中，"力"（power）指的是个体在心理层面上的动力和驱动力。这种力量驱使个体追求自我实现和生活目标。阿德勒认为每个人都有内在的力，使他们努力超越现状，追求更好的未来。力的心理学认为，个体的行为和决定是受到这种内在的力量所影响和驱动的。

① 多湖辉.父母的习惯:反脆弱养育[M].谢明钰,译.南京:江苏凤凰文艺出版社,2022:100—102.

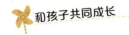

阿德勒将力分为两种类型：生物学的力和精神力。生物学的力驱动个体满足生理需求，如食物、水、睡眠等。而精神力则更加复杂，包括个体追求自我实现、社会认同、对他人的关爱等心理层面的需求。

力的心理学强调个体的目标感对于内在力量的驱动起着重要作用。个体有着对于自己想要成为的人和在社会中地位的明确认识，这种目标感会激发个体积极追求和付诸行动。

力的心理学认为个体具有超越现状的倾向，个体倾向于寻求更好的未来，不满足于当前的状况。并强调个体的力量不仅是为了满足自己的私利，更重要的是个体应该关注社会利益，为了共同的利益而奋斗。

力的心理学对于个体心理发展和心理治疗有着重要的启示。阿德勒的个体心理治疗方法强调帮助个体认识自己的目标感和生活动机，通过增强个体内在的力量，让他们更积极主动地面对生活中的问题和挑战，为心理学研究提供了一种积极、人本主义的视角。

三、平凡如我

平凡不是平庸，接受平凡不是拒绝努力，而是无比美妙、自洽的过程。

我终究要接受儿子和我一样平凡

一位名校教授对学生、公众分享了他在儿子高考时的心路历程①。当时他怀揣着希望,期待儿子能考取他所在的高校,因为当时学校有针对教职工子女的优惠政策。这个政策规定,只要分数达到一本线以上,就可以被录取。"我儿子从出生开始,我就想象着,一个儿子来了,从今天起我有儿子了,天空特别的晴朗,我就想到他将来应该比我做出更大的成就来,是吧?不要像我那种窝囊,当时我自我评价不高的啊。希望儿子超出自己,这是每一个为人父母者的天然的想法,把一种自己实现不了的理想寄托到他身上。"

这种期待和憧憬推动着他为儿子精心制定了成长计划,从幼儿园、小学再到高中,一切都是精心安排。他儿子也确实在学业上一直表现不错,上的小学和高中都是市重点。高考成绩出来时,这位教授马上打电话给同事:"我说,你判断一下这个成绩能进什么学校。他说这个成绩差一点就大学考不取。多年的奋斗啊,现在谜底终于揭开了。"

这位教授颇感沮丧,回想多年来的奋斗。他独自骑车在学校附近马路上兜了一圈又一圈,陷入深思,"三圈之后,我心里平静了,也检省一下自己是不是什么地方没做到,后来发现

---

① 案例来源:王德峰人文演讲实录[EB/OL].(2022-11-12)https://www.bilibili.com/video/BV1yd4y1F7B8/.

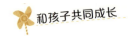

没做到的也蛮多"。

没做到的又是什么？恰恰是："莫名其妙地把我的期待、观念强加到他身上……"

超越的代价

我们都想让孩子卓尔不凡，因为这会让我们感到自豪。然而，孩子会为此付出怎样的代价呢？有时，父母过于急切地希望孩子成为杰出人物，不仅希望他们表现出色，而且希望他们在各个方面都能超过他人。我们会以孩子的成绩好、获得大奖名次、拥有表演或体育才能，或者被名校录取等等为傲。[①]

如果孩子从幼年起就被迫追求某种荣誉以满足我们的期待，那么他们会将这种感觉深深地铭记在心。尽管孩子在出生时并不懂得父母的宏伟期望，但他们很早就成为一个充满竞争的世界的一部分。他们很快会意识到，人们被分为两类："成功者"和"失败者"。他们发现自己的表现要由外部标准来衡量，比如分数、老师的评价等等，当我们告诉孩子他们的成功与否取决于他们的分数、他们的表现时，他们的童年就会失去纯真而受到束缚。[②]

---

① 沙法丽·萨巴瑞. 父母的觉醒[M]. 王臻，译. 上海：上海社会科学院出版社，2013：161.
② 沙法丽·萨巴瑞. 父母的觉醒[M]. 王臻，译. 上海：上海社会科学院出版社，2013：161.

欣赏孩子和自己的平凡

每个孩子都是独特而珍贵的,他们的平凡之处同样值得我们的赞赏和欣赏。平凡并不等同于平庸或无足轻重,更不是躺平不动,而是一种独特的存在和价值。我们可以从他们的平凡中寻找和发现他们的优点、才能和潜力,以及他们带给我们的喜悦和成长。

欣赏孩子的平凡有助于建立积极的亲子关系,增强他们的自尊心和自信心。当我们真诚地赞美孩子的努力、进步和积极行为时,他们会感受到被接纳和认可的重要性,进而激发内在的动力和成长的渴望。

此外,欣赏孩子的平凡也可以帮助他们树立正确的人生观和价值观。我们可以教导他们珍惜内心的宁静和平和,重视人与人之间的关系,培养善良、关爱和尊重他人的品质。这些都是平凡生活中蕴藏的宝贵价值,对孩子的成长和幸福有着深远的影响。

无论他们的成就是否与众不同,我们都要以开放和包容的心态去理解和接纳他们的个体差异,尊重他们的兴趣和选择,给予他们支持和鼓励。这样,孩子们将能够感受到我们对他们的爱和支持,建立积极的自我认同,并在平凡中展现出独特的光芒。

平凡的时刻和经历中蕴藏着许多珍贵的价值,而这些珍贵的价值远远超过追求外在成就和社会认可所带来的满

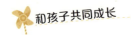

足感。

我们可以通过陪伴孩子共享平凡的时刻，教导他们珍惜日常生活中的美好。这可以是一次简单的家庭聚餐，一次与朋友的谈话，一次户外的郊游，或是一次静静欣赏大自然的时刻。通过这样的体验，孩子们可以学会感恩、喜悦和放松，发现平凡中的快乐和内心的富足。

此外，我们还可以引导孩子培养一种积极的心态，看待生活中的挫折和困难。让他们明白，平凡并不意味着失败或无能，而是一种珍贵的状态，是成长和学习的机会。从平凡中汲取力量和智慧，坚持努力和追求梦想，这才是真正的成功之道。

最重要的是，作为父母，我们要以身作则，成为孩子们的榜样。给他们展示我们对平凡的欣赏和喜爱，通过我们的言行传递给他们平凡的美妙。当他们看到我们能够从平凡的生活中获得满足和快乐，他们也会受到启发并学会欣赏平凡。

因此，让我们抛开过度追求外在成就和社会认可的观念，教育孩子欣赏平凡的美妙。让他们从小学会珍惜日常生活中的平凡时刻，培养内心的喜悦和满足感，以及对自己和他人的关爱与尊重。这样，他们将能够拥有更加健康、平衡和幸福的人生。

第三章

恰到好处的现代母亲

第一节　不完美的你和她

一、容貌焦虑的低龄化

如果说对女孩子需要引导，那么母亲对女儿引导的重要内容之一，就是怎么看待自己的长相，怎么对待自己的身体，怎么在男性凝视的洪流中接受自己的不完美，又肯定当下的自己，成全一个独一无二、内心充盈的"我"。

接纳自己的不完美和肯定当下的我

女性对容貌的在意从来就有，我们一般认为随着女性地位的提升，尤其是经济独立性的上升，这种现象会得以弱化或者审美标准多元化，但是，让人吃惊的是，到了今天，00后、10后小女孩依然焦虑着容貌，甚至流行着一股"白瘦幼"的群体审美倾向，有的女孩早早就加入"医美"大军……

为什么明明不需要整容，不需要焦虑的女孩子却在折腾自己的脸，不安放自己的心？

她不是真正需要整容，她是认定自己不完美，并且不接受

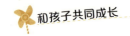

自己的不完美。

如果没有觉知，我们永远都走不出"完美"的怪圈，永远都在追求"完美"的路上，因为这条路是没有尽头的，因为世界上不存在"完美"这种事物和状态。所以，我们经常看到整容的女孩子在不停地整，整到面目全非也不肯罢休。

这不是容貌的问题，这是心理问题。

肯定当下的我

心理上不能接纳当下的自己，或者说否定当下的自己，潜意识认为自己是丑的、不好的，于是将希望寄托在（通过改头换面）将来可以成为好的、完美的。

而事实上，自己对所谓"美"和"好"的界定，也不存在一个准确的概念和尺度，因为自己内心趋于虚无，苍白、无力的，于是就不断在对标，对标外界的、社会的、男性的标准。

接受自己的不完美，不是说不改变自己、让自己变得更好。每个人都有向善和完美化的需要，也只有不断地向善和自我完美，才能不断进步并收获更好的自己。

向善和完美的前提是，一定要接受、肯定当下的自己，自己就是不完美的，但是，现在的自己就是最可爱的。肯定当下的自己，才能迈出行动和改变的第一步。

取悦谁，物化谁？

接纳不完美的自己，又肯定当下的自己，是容貌焦虑第一个层面的问题；消解男性凝视，获得真正的精神和情感自由是第二个层面的问题。

在福柯的视角下，"凝视"被视为一种"视觉权力"，而非简单的目光接触，即权力是通过视觉手段来行使和表达的。[1] 在社会中，特定的观看方式被建构和推广为"正常"或"合适"的看待方式，而其他观看方式则可能被边缘化或排斥。在"男性凝视"中，男性通过审视女性来确认和巩固他们在社会中的权力地位，而这种视觉方式在文化中得到强化，成为一种"正常"的行为。

"男性凝视"并不仅仅是男性看向女性的简单行为，在这种凝视中，男性处于支配地位，拥有权力去定义和规定女性的形象和价值观。这种权力关系使得女性成为客体、被观察者，而男性则成为主体、观察者。被凝视者不仅仅是被认知为客体的个体，而且通过凝视被"规训"和塑造，它代表了一种支配和控制的力量，通过审视他人来塑造他们的身份和行为。

"男性凝视"的动机可以是多方面的，或出于审美欣赏或社交目的来凝视他人，或将女性物化为欲望的对象。无论动机如何，这种凝视往往伴随着一种价值判断和评价，一种关于漂不漂亮、苗不苗条、年不年轻的审美标准。而当男性将特定的审美标准强加于被凝视的女性身上时，女性往往会内化这些价值判断，并将其作为自身的标准，不自知地按照他者的标

---

① 米歇尔·福柯.规训与惩罚[M].刘北成,杨远婴,译.北京:生活·读书·新知三联书店,2003.

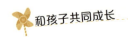

准要求自己、规训自己。

　　用社会学家布迪厄的话说，这就是"符号暴力"，或者说"象征暴力"，[①]它比直接的暴力更婉转但是更有效，它是权力施加者和施加对象"合谋"的结果，而且施加对象一旦接受符合施加者权益的规则，会比施加者更加自觉地维护这套秩序，尽管自己其实也是被害者。比如说旧社会的贞洁观，当一个女性想要争取自己的爱情、婚姻、性的自由时，同村的妇女会比男人更起劲，淹向女性的唾沫、埋葬女性的还有女性自己，而这个过程是集体无意识的。

　　这种无意识使女性在被规训中永远居于从属地位。凝视就是这样，它通过施行者和承受者的合谋和默契而实施，每个女人内心都住着一个"警察"，外界的警察不需要行动，"只需要一个凝视的目光，女性在这种目光的压力下成为自己自觉的监视者"（福柯）。

深度阅读

凝视的权力

　　在米歇尔·福柯的思想中，"凝视的权力"是他在《监狱的诞生》（*Surveiller et punir*，直译为"监视与惩罚"）一书中提出的一个重要概念。福柯在这本书中详细探讨了

---

① 布尔迪厄，J. C. 帕斯隆. 再生产：一种教育系统理论的要点[M]. 邢克超，译. 北京：商务印书馆，2021.

现代监狱制度的形成和演变,揭示了权力如何通过监视和观察来管理与控制个体。

"凝视的权力"指的是监狱等机构通过建立一种监视体系,对囚犯或被监管对象进行持续而细致的观察。这种观察不仅限于外在行为,也包括对个体身体和心理状态的监控。福柯强调,这种监视并不仅仅是为了实施惩罚,更重要的是通过监视来实现对个体的规训和控制。

具体来说,凝视的权力有以下特点。

一是规范化:监视和观察使得权力得以规范化,通过设立标准和规则来约束个体的行为和思想。被监视者在自我意识中也会不自觉地接受这种规范,形成一种自我审查和自我控制。

二是权力的目标转移:权力的凝视转移了对个体身体的直接控制,而采取了一种更加暗中、潜移默化的方式,使得个体在不自知的情况下被权力所塑造。

三是权力的普遍性:福柯认为凝视的权力并不局限于特定的监狱环境,而是普遍存在于现代社会的各个层面。类似的监视机制在学校、医院、工厂等机构中也可以找到。

四是知识与权力的结合:通过监视和观察,知识被生产和应用于权力的实践中。监视者(如监狱管理者、医生、教师等)借助知识来解读和识别被监视者的状态,并采取相应的措施来管理和控制他们。

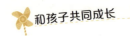

福柯的"凝视的权力"概念使我们对现代社会中权力的运作方式有了新的认识。他认为,权力不仅仅是通过强制和暴力来实施的,而且可以通过监视、规范和知识来对个体进行微妙的操控。这种观点在现代社会学和政治学中引起了广泛的讨论,并促使人们对权力与自由、个体与社会的关系进行深入的思考。

二、孩子唤醒了你过往的创伤经历

有没有这样的经历,明明在当时孩子犯的是很小的事,但不知道为什么你却无法自控地就情绪化甚至会止不住发抖,仿佛一个无法自控的零件又要定时发作了……

你对孩子的情绪可能是因为触发了你曾经的遭遇

"当你对孩子正在做的事情或提出要求的事情感到愤怒时(或产生其他负面情绪,包括怨恨、挫折感、妒忌、厌恶、恐慌、恼怒、恐惧等等),最好把它视为一个警报。那个警报不是在提醒你孩子肯定做错了什么,而是表明你的记忆闸门又被打开了。"①

---

① 菲利帕·佩里.真希望我父母读过这本书[M].洪慧芳,译.北京:中信出版社,2020:7.

英国家庭心理治疗师菲利帕·佩里直接指出，当我们对孩子的行为或需求感到愤怒、恐惧或其他负面情绪时，这实际上是一个警示信号，表明我们过去的创伤记忆再次被唤醒。当我们对孩子大发脾气或表现过于激动时，往往是因为我们试图用这种方式来保护自己，避免重复经历自己在孩童时期所经历的痛苦。但我们往往无法单凭一己之力就能够准确地意识到这一点，孩子的行为可能触发我们过去绝望、渴望、孤独、妒忌或缺乏自信的感受。而且，我们不自觉地选择了一种简单的反应方式：我们不去试图理解孩子的感受，而是直接发怒、沮丧或惊慌。①

　　这种情绪触发可以追溯到几代人前。佩里举了一个例子："我的母亲讨厌孩子们在玩耍时发出的尖叫声。后来我注意到，当我的孩子和他的朋友在玩闹时，即使他们玩得很开心，我也会感到紧张。我开始好奇为什么会这样，于是我问母亲，她小时候如果玩得很大声会发生什么事情。她告诉我，她出生时，她的父亲（我的外祖父）已经五十多岁了，他经常头痛，所以孩子们在家里玩耍时必须小心翼翼，否则会挨骂。"

　　"也许你害怕承认，有时你对孩子的怒火就是压不住。你怕承认了以后，会使怒火加剧，导致愤怒的感觉更加真实。这种愤怒其实并不是孩子触发的，而是过往的经历唤醒了深藏你心底的感受，当你明白这一点，你就会放松下来，也不会因此而

① 菲利帕·佩里. 真希望我父母读过这本书[M]. 洪慧芳，译. 北京：中信出版社，2020：7.

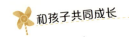

连累到孩子了。"①

一旦我们意识到这个生发机制，我们就能真正明白，不会再把这种愤怒传递给孩子。我们能够理解，我们的情绪反应并不是来自孩子的行为，而是被唤醒了我们内心深处的情感。

逃避曾经的那些感受

孩子时刻在唤醒我们过去的情绪，无论他们的年龄有多大，他们以自己的行为提醒着我们在同样年龄段所经历的事情。

当我们遭遇这些情绪时，我们会想要逃避那些感受，也会想要逃避孩子。然而，如果我们真的这样做了，我们就会将过去发生在自己身上的事情传递给孩子。②

因此，重要的是要认识到自己情绪触发点的存在，并积极应对。我们可以通过自我反省和自我觉察来更好地理解自己的情绪，寻找健康的方式来处理它们。这可能包括寻求支持和咨询，学习情绪调节的技巧，或与孩子进行积极的沟通，以了解他们的感受和需求。关键在于，我们要记住，我们的情绪和行为对孩子产生深远的影响，因此寻找积极的方式来处理情绪至关重要。

---

① 菲利帕·佩里. 真希望我父母读过这本书[M]. 洪慧芳，译. 北京：中信出版社，2020：7.
② 菲利帕·佩里. 真希望我父母读过这本书[M]. 洪慧芳，译. 北京：中信出版社，2020：16.

认知、冷静、处理、共建

当我们对自己的情绪触发点有了更深的了解后，我们可以采取一些策略来应对这种情况。

首先，我们回顾自己的童年经历，特别是那些与负面情绪和创伤有关的经历，有助于我们发现与孩子行为相关的情绪反应。通过意识到这些触发点，我们能够更好地理解自己的情绪反应，并意识到这些情绪并不是由孩子直接引起的，而是唤醒了我们内心深处的感受。

在应对孩子的行为和情绪时，我们也要注意避免过度反应或过度惩罚。意识到我们的情绪是来自过去的创伤，并不是由孩子引起的，可以帮助我们更客观地评估和回应孩子的行为。我们可以问自己一些问题来帮助自己更理性地处理情况，例如："这个行为是否真的需要我如此愤怒？""我是否可以用更冷静的方式与孩子交流并找到解决方案？""这个行为是否真的威胁到孩子的安全和幸福？"等等。这样的思考可以帮助我们以更平和的态度面对孩子的行为，并找到更具有建设性的解决办法。

其次，我们可以与伴侣、朋友或专业人士进行沟通和分享。与他人交流我们的情绪触发点和过去的创伤经历，从而获得支持和理解。有时，与他人分享我们的感受和经历可以减轻我们的负担，并为我们提供新的视角和洞察力。

此外，建立和保持良好的自我照顾习惯也是至关重要的。

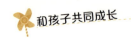

照顾自己的身心健康,包括良好的睡眠、均衡的饮食、适度的锻炼和放松的活动,有助于我们增强情绪的稳定性和应对能力。通过照顾自己,我们能够更好地处理情绪触发点,并以更积极、健康的方式与孩子互动。

最重要的是,我们要向孩子传递爱、理解和支持。当我们能够自我同情和理解自己的过去经历时,我们也能更加同情和理解孩子。我们可以与孩子分享我们的故事,告诉孩子我们也曾经年幼,也曾经有类似的情绪和挑战。这样的分享可以增强我们与孩子之间的联系,让他们感受到他们不是孤单的,我们会一直支持和爱他们。

我们要时刻保持对孩子的同理心和理解。当意识到孩子的行为和情绪是在触发我们过去的创伤经历时,我们可以采取更有建设性的方式来回应他们。这可能包括给予他们额外的情感支持、耐心地倾听他们的感受、帮助他们理解和表达情绪,以及与他们建立更深入的连接和信任。通过与孩子建立积极的互动和关系,我们可以为他们创造一个有安全感、支持和理解的成长环境。

总之,意识到孩子的情绪触发了我们过去的创伤经历是重要的。这种意识可以帮助我们更好地理解和处理自己的情绪反应,并为孩子提供一个积极、支持和有爱的成长环境。通过寻求帮助、自我照顾、情绪调节技巧和与孩子的理解互动,我们可以逐渐疗愈过去的创伤,并与孩子建立更强有力的情感连接。

深度阅读

ABC理论

ABC理论是心理学中一个重要的认知理论,用于解释情绪和情感的产生过程。它最早由美国心理学家阿尔伯特·埃利斯(Albert Ellis)于20世纪50年代提出,并在他的理性情绪疗法(Rational Emotive Behavior Therapy, REBT)中得到广泛应用。

ABC理论的三个要素分别是:

A——事件(Activating Event):指触发情绪或情感的外部事件或情境。这可能是现实生活中发生的事件,也可能是一个具体的想象或内在的情景。

B——信念(Belief):指个体对事件的解释、评价和认知。个体对事件的看法和信念会影响他们对事件的情感反应。

C——情绪或情感(Consequence):指根据事件和信念,个体所产生的情绪或情感反应。同样的事件对于不同的个体可能会产生不同的情绪,这取决于他们的信念和认知。

根据ABC理论,情绪不是直接由事件引起的,而是由个体对事件的解释和评价所决定。同样的事件可能导致

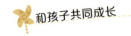

不同的情绪，因为不同的个体可能对事件有不同的信念和认知。因此，ABC理论强调，我们可以通过调整我们的信念和认知，来改变我们对事件的情绪反应。

阿尔伯特·埃利斯的理性情绪疗法（REBT）就是建立在 ABC 理论的基础上，通过帮助个体识别和挑战不合理或消极的信念，以达到情绪调节和心理健康的目标。这种认知行为疗法在心理学和心理治疗中得到广泛应用，对于帮助个体改变不良情绪和适应更积极的心理状态具有显著效果。

三、被激活的养育未完成时态

演戏第一次演砸了，会怎么样？

再也不要登台了。

不。

你会再来一次，重现场景，这一次，你一定会演好。

治愈型幻想

"我们飞蛾扑火般地靠近某些人，常常不是因为他多好，而是因为某种相似性，是我们希望在相似的人身上得到不同的结局。中国有句俗语说，一朝被蛇咬，十年怕井绳。这话要反过来说，一朝被蛇咬，十年都在找井绳。完型心理学认为，一个人儿时在养育者那里经历了创伤，成年后他就特别容易找到相似的人，去激活这个创伤，试图修复，这就是一个未完成事件。这个未完成事件，需要一定的相似性才可以被激活。我们为什么总是在感情上有重复的经历。"①

我想重新导演那场戏，把过去的戏按照自己的心意重新再演一遍，"在新的故事里，我妈给我买的衣服不仅很漂亮，还有厚厚的内胆，很温暖，一个女孩子被妈妈妥善地放在心上，知冷知暖，我就圆满了"。②

这种现象，在心理学中被称作治愈型幻想。

治愈型幻想指的是当孩子们遭受来自父母的伤害时，他们会幻想自己未被满足的需求终有一天将得到满足，比如认为长大后会遇到一个无私的人，那个人会真的爱自己；或者自己长大后会成为医生，能治愈一切伤痛。③

虽然治愈型幻想与角色型自我都能帮助孩子暂时应对家庭失调，但它们并不能真的解决孩子无法表达真实自我的

① 刘纯婷. 爱情死于戏多[EB/OL]. (2022 - 07 - 09) https://mp. weixin. qq. com/ s? __ biz = MjM5NjY0NTkzNA == &mid = 2650898892&idx = 1&sn = 2fac 9b4ff861bef5e018ee10e3ff40bc&chksm = bd133c8d8a64b59b31c5534da957003fa 4d5158ac4eb98380a3f39fbbc3a9a6772de07e98a0d&scene=27.

② 刘纯婷. 爱情死于戏多[EB/OL]. (2022 - 07 - 09) https://mp. weixin. qq. com/ s? __ biz = MjM5NjY0NTkzNA == &mid = 2650898892&idx = 1&sn = 2fac 9b4ff861bef5e018ee10e3ff40bc&chksm = bd133c8d8a64b59b31c5534da957003fa 4d5158ac4eb98380a3f39fbbc3a9a6772de07e98a0d&scene=27.

③ 琳赛·吉布森. 不成熟的父母[M]. 魏宁，况辉，译. 北京：机械工业出版社，2017：1.

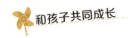

问题。

重复构建出类似自己家庭的关系

在情感缺失的家庭环境中成长的孩子往往会在成人阶段陷入不健康的亲密关系中,他们往往在潜意识中会寻找与父母具有相似问题的人,期望通过改变对方来实现自己的治愈型幻想。

他们希望自己有能力改变他人,以达到满足自己需求的目的。他们在心底期待着最亲密的关系能够实现他们的幻想,相信只要坚持下去,他们最终能够找到一个总是考虑他们需求的伴侣或朋友来治愈他们的情感孤独。[①]

然而,这些幻想往往是自我挫败的。例如,一个女人相信只要她做了丈夫想要的一切,她就能够得到自己渴望的爱。然而,当丈夫仍然没有注意到她的需求时,她会感到愤怒和失望。她会觉得自己已经尽力了,但幻想中的期望仍未实现,这种愤怒掩盖了内心的焦虑。[②]

我们通常没有意识到自己试图将这种幻想强加给别人。我们在寻求关系中的治愈时,往往没有意识到这背后潜藏着我们对童年幻想的渴望。这种无意识的幻想常常会对我们的

① 琳赛·吉布森. 不成熟的父母 [M]. 魏宁,况辉,译. 北京:机械工业出版社, 2017:110.
② 琳赛·吉布森. 不成熟的父母 [M]. 魏宁,况辉,译. 北京:机械工业出版社, 2017:110.

关系和个人成长造成困扰和挫折。

把幻想强加给另一个人

吉布森认为,期望遇到一个无条件支持自己、关怀自己的人,可以在某种程度上提供个体所需的心理支持和希望,使其能够在困境中保持一定的乐观和积极。

但是,治愈型幻想常常建立在对他人的依赖和期待之上。个体往往期望某个人或事物能够满足自己内心的缺失和渴望,而忽视了自己对自我治愈和发展的责任。这种过度依赖他人的幻想可能使个体陷入无法独立应对问题和困境的境地。

治愈型幻想可能导致个体逃避现实和内在问题。个体可能过于沉浸在幻想中,而不愿面对自己的真实情感和需求。他们可能将所有的希望和期待寄托在未来的理想情境上,而忽视了当前需要采取的行动和处理现实问题的重要性。这种逃避现实的行为可能导致个体无法真正解决内在的问题,从而无法实现个人的成长和自我满足。①

另外,吉布森还指出,治愈型幻想可能成为个体建立健康关系的障碍。个体可能期望与那些符合幻想中角色的人建立亲密关系,希望通过这种关系来实现自己的内在需求。

然而,这种期望往往不现实,因为当个体试图将幻想中的

---

① 琳赛·吉布森.不成熟的父母[M].魏宁,况辉,译.北京:机械工业出版社,2017:110.

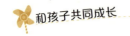

期望强加给他人时,往往会产生冲突和失望。他们可能会对伴侣或他人有过高的期望,期望对方能够满足他们内心的需求,而不愿意接受对方的独立性和个体差异。这样的期望往往会给关系带来压力和不健康的互动模式。①

为了克服治愈型幻想的问题和限制,个体需要意识到自己的幻想,并努力建立与现实和真实需求的联系。

一是自我反思:通过自我反思和深入思考,了解自己内心的渴望和期望。审视过去的家庭环境和亲密关系,以及自己对这些关系的期待,有助于认识到自己的治愈型幻想。

二是接纳内在的不完美:理解自己和他人都有情感上的缺陷和不完美是重要的。接纳自己的情感孤独和需要治愈的一面,并寻求内在的成长和满足,而不是将这种责任完全放在他人身上。

三是建立健康的自我依赖:培养自我依赖的能力,寻找个人内在的资源和力量来满足自己的情感需求。这可以通过培养自我关怀和自我爱的习惯,寻找内在的支持和满足。

四是学习辨识健康关系:努力学习辨识健康的亲密关系,寻找那些与自己的价值观和需求相匹配的人。这需要发展对他人情感成熟度的敏感性,并学会与他人建立平等、互相尊重和支持的关系。

最重要的是,个体应该明白自己是有价值的,不需要依赖

---

① 参见:琳赛·吉布森.不成熟的父母[M].魏宁,况辉,译.北京:机械工业出版社,2017.

他人来证实自己的价值。通过培养自己的内在力量和寻找健康的亲密关系,个体可以逐渐摆脱治愈型幻想的困扰,实现更加健康、平衡的个人成长和满足。

深度阅读1

强迫性重复

弗洛伊德在1902年发表了一篇和精神分析理论有关的论文,其中提到一个概念叫作"强迫性重复(Compulsive Repetition)",也被称为"复拟行为"(Repetition Compulsion)或"复制行为"(Repetition Reversal)。

强迫性重复是指个体在心理层面对某些曾经经历的创伤体验或冲突进行不自觉、无意识的重复。这种重复不仅仅是单纯地回忆过去的事件,而是在心理上不断重演或重复曾经的情境、感受或体验。这种重复通常是无意识的,并且个体往往对这种行为缺乏控制。

弗洛伊德认为,强迫性重复是个体内心的一种防御机制,用于处理和应对曾经的创伤或冲突。通过不断重复这些体验,个体试图以不同的方式来处理和解决过去的问题,以获得一种解脱或心理平衡。然而,这种重复并不总是有益的,有时可能会导致个体陷入一种无休止的循环,难以解脱。

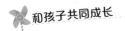

强迫性重复在精神分析理论中有着重要的地位，它反映了个体在心理层面对于过去创伤经历的无意识处理。在精神分析疗法中，探索和理解强迫性重复是帮助个体解决内心冲突和处理创伤的重要内容。通过揭示和解释潜在的重复动机，个体有可能逐渐解脱对过去创伤的束缚，实现心理上的成长和健康。

深度阅读 2

完型心理学

完型心理学，即格式塔心理学（Gestalt Psychology），是 20 世纪早期发展起来的一种心理学学派。这一学派强调整体性，认为人类倾向于将感知的事物视为整体，而不是零散的部分，这种整体性在感知、认知和思维过程中发挥重要作用，可能会将不完整的信息填补成整体，以使其更加连贯和完整。

一个人在童年时期经历的创伤或未完成事件，可能会在成年后在各种人际关系中反复出现，试图通过重新经历和修复这些创伤来达到自我疗愈的目的。在完型心理学中，未完成事件指的是童年时期的创伤、情感或困扰，这些事件可能没有得到妥善的处理或解决，留下了心理上的痛苦和影响。成年后,这些未完成事件可能会在个人的心智和情感中继续存在,并影响他们与他人的关系和行为。

根据完型心理学理论,一个人可能会不自觉地吸引或选择与过去创伤有关的人或情境,试图再次触发这些创伤,以期在重新经历中找到疗愈和解决。这种行为被称为"模式重演",意味着个人在不断重复过去的伤害或挑战,试图找到解决问题的方式。

完型分析的核心思想是帮助个人回顾和面对过去的未完成事件,了解自己的情绪和反应,并通过自我认知和情感释放来实现自我疗愈。通过重新连接与创伤相关的情感和回忆,个人可以在一个安全、支持性的环境中重新体验这些事件,并最终实现情感的解脱和修复。

需要指出的是,完型心理学作为一种心理疗法,有其支持者和批评者。对于遭受过创伤的个体来说,接受心理治疗和寻求专业心理帮助通常是很有益的,但选择何种方法则应基于个人需求和专业意见。

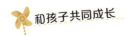

第二节　正视她的情感

一、女孩，为什么你很难离开 PUA 你的人

明明看着她在被 PUA[①]，甚至她自己都意识到被 PUA，为什么还离不开 PUA 她的人？

什么样的家庭养大的女孩子容易被 PUA？

离开了他就找不到更好的了

PUA 的过程是通过指责、贬损，让女孩子对自己产生极低的自我价值感来完成的。这种指责不是惊天动地的争吵，而是长期、日复一日、点点滴滴的否定。

这种日复一日的指责、否定，最终会让一个人处于无能的状态。

第一，相信自己干什么都不行，哪怕有机会摆在眼前，也会认为自己干不好；

第二，于是很难迈开行动的关键一步；

第三，长久不行动，又会限制自己的能力和眼界，恶性循

---

① PUA 是 Pick-up Artist 的简称，字面意思是指"搭讪艺术家"，泛指很会吸引异性、让异性着迷的人及其相关行为。

环,变成真正意义上的"废人",就越发没有能力离开 PUA 自己的人。

"我离开他之后活不下去。全世界除了他之外,我都不知道谁还会要我。我长期以来已经深信这一点,就是离开他之后我找不着更好的,甚至我都没有独立生活的能力了。"

事实上会吗?

那么为什么会造成这样一种错觉,对自己的错觉? 一个人从来都不能够去开始做一件事情的话,她做事的能力肯定会被磨耗掉。长期没法去做事,不去做事,她怎么在做事的过程中发现自己、找到自己、认可自己,从而独立地去做事?

什么样的家庭长大的女孩子容易被 PUA

贬损孩子的家庭!

在这种家庭长大的孩子,后半生几乎都要在漫长的自我修复过程中度过。这种贬损未必是赤裸裸的冷暴力,而是点点滴滴的不承认、不认可。

对孩子来说,这是非常消耗人、折磨人的,真正地把一个人的能力和内心的那种能量消耗掉。

让他从小就觉得自己是一个很无能为力的状态,而且他会从一个假的无能状态变成一个真的无能的人。

为什么? 因为他永远都迈不出第一步,他会觉得自己做什么都不行。

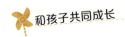

指责型父母的代际循环

指责型父母往往在自己的成长经历中也遇到类似的指责和羞辱,他们试图通过指责他人来回避自己的内在痛苦和羞耻感。被指责的人,就重复了指责者早年的命运。而指责者,也成功地活成了早年父母的模样。①

指责型父母的代际循环是一种复杂而残酷的现象。这种循环以父母在子女成长过程中对孩子的指责和批评为核心,导致子女在成年后将这种模式复制到他们自己的家庭和亲密关系中。

一是羞辱和指责的循环:指责型父母往往通过批评和指责来羞辱子女,使孩子感到自己没有价值和不够好。这种羞辱会在子女内心产生深深的伤痛和自卑感。成年后,子女可能会内化这种模式,并将其应用于他们自己的亲密关系中。他们可能用指责和批评来对待伴侣、子女或其他人,以防止自己感受到羞辱和自责。

二是避免承认错误:指责型父母很难承认自己的错误。即使他们意识到自己的行为不当,他们也会感到羞耻和不愿意承认。这是因为在他们的早年经历中,他们可能承受过类似的羞耻和责备,而这种感觉对他们来说是无法承受的。因此,他们会通过指责他人来逃避承认自己的错误,以避免体验

① 丛非从. 如何与指责型的人相处[EB/OL]. (2020 - 12 - 29) https://new. qq. com/rain/a/20201229A0GJZO00.

羞耻的感觉。

三是传递伤害：指责型父母在成年后常常将他们早年所承受的伤害转嫁给自己的孩子或伴侣。他们通过强迫对方承受糟糕的感觉来满足自己的需求，以减轻自身内心的痛苦。这种行为往往是无意识的，他们重复了自己父母对待他们的方式，将痛苦和伤害传递给下一代。

折断指责

当我们在童年时期受到指责型父母的影响时，我们可能会模仿他们的行为模式，将其视为正常或适当的方式来处理问题和与他人交往。在童年时期，我们往往是通过观察和模仿父母的行为来学习如何应对和处理情绪、冲突和挑战。如果我们的父母是指责型的，他们的行为模式可能会在我们的心智模型中形成一个模式，成为我们应对问题的方式。

此外，过去的经历也会对我们的心理状态和行为产生影响。如果我们在童年时期被频繁地指责和批评，我们可能会内化这些负面的评价，形成自我负面观念，并在成年后将其投射到他人身上。心理学中有一个概念叫作"复制性创伤"，即一个人经历过的创伤和压力会导致他们在成年后重复类似的行为模式。如果一个人在童年时期经历了被指责和羞辱的创伤，他们可能会在成年后重复这种模式，将这种负面的行为传递给他人，包括他们的孩子、伴侣或下属。

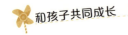

然而,重复父母的行为并不是必然的结果。通过自我觉察和努力,我们可以努力改变和修复内在的伤害,并发展出更健康和积极的方式来处理情绪和与他人交往。心理治疗、心理教育和支持系统的帮助都可以提供相关的工具和策略来应对这种行为模式,并打破这种负面的循环。

最重要的是,我们应该认识到我们对自己和他人施加指责的行为,并努力培养同理心和理解。通过关注他人的积极特质和行为,而不是只看到他人的错误,我们可以打破指责循环,并创造更积极和支持性的人际关系。

最后,感谢生命中欣赏你的人。

人与人之间,欣赏是一种美德。我们遇到那些欣赏你的人,不管他是谁,是你的朋友,是你的上司,是你的爱人,是你的父母,是你的孩子……都一定要真诚地跟他说一声"谢谢"。

二、小女孩的失恋,为什么成了生命不可承受之重

在青春期恋情面前,现代父母要做的不是为了防止早恋避而不谈,而是帮助孩子,引导孩子,爱情需要教育,而不是防范。

那个男孩真的那么好,还是……

看着一个小女孩长大,还在怀里抱过她,听她兴奋地讲鱼

缸里小鱼儿的故事……然后人说没就没了。第一反应是不敢相信,无法接受,惊愕痛惜之后,我一直在思考,是什么原因能够让一个小姑娘因为失恋而结束一切。

首先,这个小女孩不存在长期的心理困扰,只是深陷在"我爱他多过他爱我"的懵懂爱情中无法自拔,被分手的那一段时间里,无论如何都走不出来。

本书反复强调,不要把小孩子的情感看作儿戏,更不要横加指责"一个小屁孩懂什么是爱情,就是瞎胡闹",要正视小孩子有完整的爱、恨、情、仇的权力,这样才能真正地解决问题,从而避免悲剧。

我们可以尝试代入感受和体会一下女孩子在生命最后一段时光的内心挣扎。

我们旁观者会讲,天涯何处无芳草,为什么就是非他不可呢?

不是因为他有多好

其实并非因为他有多么好,而是"我"不能接受被人否定。

我们扪心自问一下,生命中遇到心动的人,又有几个人能鼓起勇气勇敢表白,为什么不敢表白?因为害怕被人拒绝。尽管在表白前,已经做了充足的心理建设,没什么大不了,但是真正被拒绝的那一刻,还是会有一股强大的难以言说的甚至吃不消的感受袭来,我们姑且称之为"心理风暴",这种心理风暴是什么,缘何而来?

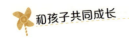
是一种深深被否定的感觉。这是对"我"这个人的全面否定，会让"我"对"我"产生质疑——"我"不够好，所以你不喜欢。

这是常见的一个心理混淆的过程——分不清被人拒绝和被人否定。被人拒绝事实上并不意味着被人否定，更不意味着"我不够好""我不够漂亮"，但是如果我们认知不到这一点，就会产生五雷轰顶被否定的不好的感受，并且难以自拔。

为什么难以自拔？因为我们往往在和否定自己的对象较劲。我们经常会在跌倒的泥坑里反复跌倒和试图爬起，从而证明自己，他否定了"我"，就一定只能是他的肯定（后悔）才能解救"我"。于是，我们就看到，为什么"非他不可"。

当我们帮助孩子觉知和洞察这一点时，迷雾就会自动消散。

爱情需要教育

今天网络平台上关于两性之爱的流行价值观不是多元，而是有些混乱。有些所谓的女权，不像一以贯之的完整的价值体系和行为模式，更像是一种利己的拿来主义——在一些事情上大喊男女一样，在另一些事情上"就该你养我"。所以父母很有必要和女孩们讨论这个问题，价值观树立得越早，伤害就会越小。

我们需要和孩子分享一些道理，比如把"供养"甚至"圈养"看作爱的表达和形式其实是比较危险的，躺平不用奋斗看上去不错,但会削弱女性潜在的创造生活的能力和更多人生可能性的实现。一个人,不管是男性还是女性,在自己的事业天地中独当一面,被承认、被重视,以及可以施加影响而获得成就感,是无与伦比的好的感受。这种体验能够极大地增进个人的自信和权能感,而这种自信和权能,有助于抵御人生各种起伏的风险,包括婚恋的风险。

我们也可以和孩子聊一聊夫妻、恋人的关系中,最舒服最好的模样是什么样的,是宠溺和偏爱,就像很多小女孩推崇"被偏爱的就会肆无忌惮"模式,还是互相欣赏、相互成就,共同成长?通过这种教育,我们可以帮助孩子明晰健康爱情的真谛,远离不健康的依赖和病态的情感。

最重要的是,父母要树立正确的沟通和倾听意识。我们要鼓励孩子勇敢表达自己的感受和想法,同时也要耐心倾听他们的内心独白。在爱情和恋爱方面,青少年往往容易有许多矛盾和困惑,而这些情感需要被理解、被接纳,而不是简单地加以评判或排斥。父母的理解和支持能够为孩子提供安全感,让他们更加勇敢地面对爱情和生活的挑战。

三、家庭结构和家庭关系,哪个更重要

感情破裂的双亲家庭和有爱的单亲家庭,如果只能选一个,选哪一个对孩子更好?

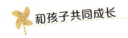

家庭结构 VS.家庭关系

家庭结构有很多种,可以很传统,也可以很特别;父母可以分居,也可以同住;母亲可以是亲生的,也可以不是。在有些国家和地区,家庭结构更加复杂。根据今天的婚姻状况和未来的发展趋势,将来会有更多的孩子需要面对更多元的家庭结构。

在我们的传统观念中,都会强调完整的家庭结构对孩子的心理健康很重要,比如,认为单亲家庭长大的孩子心理问题会更严重,没有父亲的家庭,孩子会缺乏安全感……

家庭结构对孩子的影响真的那么大吗?

可能不是。

心理学者佩里认为,重要的不是家庭结构,而是家庭关系。你和跟你一起生活的人,构成了孩子的环境。孩子如何看待自己,以及如何与他人互动,很大程度上取决于你们的亲子关系。

"研究显示家庭结构对孩子的认知或情感发展几乎没有影响。事实上,在英国,有超过25%的孩子是在单亲家庭成长;这些单亲家长中,约有一半在孩子出生时有了新的伴侣。把他们的财务状况、学历等因素纳入考虑范围后,他们身为父母的表现并没有比传统家庭结构的父母更好或更差。"①

---

① 菲利帕·佩里.真希望我父母读过这本书[M].洪慧芳,译.北京:中信出版社,2020:32.

孩子的成长环境和亲子关系对他们的心理健康及发展至关重要。一个充满关爱、理解和支持的家庭环境可以帮助孩子建立积极的情感基础，培养他们的好奇心和学习动力。

如果孩子身处一个充满冲突和紧张氛围的家庭，他们可能会感到不安、焦虑和心事重重。这会分散他们的注意力，阻碍他们对外界的好奇心和探索欲。孩子们需要一个稳定和谐的环境来培养积极的情感状态，才能更好地专注于学习和成长。

"有一项调查询问青少年和父母是否同意以下说法：父母相处融洽是养育快乐孩子的重要因素。青少年认同这句话的比例高达 70%，但父母认同这句话的比例仅有 33%。这是因为父母或照顾者的关系不和睦时，孩子经历的情感痛苦是成年人看不见的。身为父母，你很难感受到孩子的痛苦。因此，你不会去探究自己的行为是如何导致那种痛苦的。你可能觉得你的做法合情合理，或是觉得你根本无法改变自己的行为。让你观察你和伴侣及其他家庭成员如何互动，你会觉得太难了，甚至感到不知所措。"[①]

孩子对家庭关系是否真正和睦比我们想象的更加敏感、更加明白，其实孩子什么都知道，对于孩子来说，为了他勉强撑下去只会让他感到更加负罪和压抑，因为只有父母真正活得开心自在，孩子才能释然和自得。

---

① 菲利帕·佩里.真希望我父母读过这本书[M].洪慧芳，译.北京：中信出版社，2020：32.

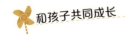
父母不生活在一起

"即使你和孩子的另一位家长分居,只要你以尊重的方式提到对方,那就不会对孩子有负面影响。你们互相欣赏彼此的优点,而不是总强调对方的缺点。有些人会觉得这是不可能的,尤其是经过痛苦的分手历程之后,你们已经到了相看两厌的地步。但是如果告诉你这对孩子有多重要以后,你一定会愿意试着去这样做。"①

对孩子来说,父母是他们生命中非常重要的人物,他们会将自己的身份和归属感与父母联系在一起。因此,如果父母之一在讨论对方时总是强调缺点或将对方称为"坏人",孩子可能会将这种看法内化为自己也是"坏人"的观念,这对他们的心理健康产生负面影响。

如果父母之间能够相互配合、良好沟通,并且孩子在父母离异后仍能与双方保持定期密切的接触,孩子的生活将保持正常,并且不太可能出现性格上的忧郁或好斗。

分开之后

如果离异后的家长(通常是父亲)逐渐疏远孩子,孩子可能会感到痛苦、愤怒、忧郁或自卑。因此,确保父母之间的沟通是关键,要保持亲子关系的融洽。

---

① 菲利帕·佩里.真希望我父母读过这本书[M].洪慧芳,译.北京:中信出版社,2020:33.

一是积极沟通：保持父母之间的积极沟通非常重要。这包括关于孩子的重要事项、决策和问题的讨论。确保信息的畅通和及时分享，以便父母之间能够相互配合。

二是尊重对方：尽量避免在孩子面前批评或抱怨对方。尊重对方的决定和做法，即使意见不同，也可以通过私下的对话来解决分歧。

三是共同制定规则和价值观：父母可以共同制定适用于两个家庭的规则和价值观。这有助于孩子在两个家庭之间保持一致的期望和稳定性。

四是维持稳定的日常生活：尽量在孩子的日常生活中保持稳定性，例如在日常作息、学校和社交活动等方面保持一致。这有助于孩子感到安全和稳定。

五是共同参与孩子的生活：鼓励父母共同参与孩子的生活，例如共同参加重要活动、庆祝特殊事件、共同制定教育计划等。这有助于孩子感受到双方的支持和关注。

六是保持情感支持：孩子可能会经历离别和情感上的困惑。父母可以提供情感支持，鼓励孩子表达自己的感受，并尽量解答他们的疑虑和问题。

七是尊重孩子的感受：认真倾听孩子的感受和意见，尊重他们的情感和需求。给予他们适当的支持和理解，帮助他们适应新的家庭结构。

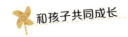

第三节　她是她自己

一、活成她自己的模样

你就是你自己。她，也不必是你。

她是我的

从小到大，我们一回家，就是喊："妈——我饿了""妈——我东西哪去了""妈——"

潜意识中，她是我妈，她是我的。

既然是我的，就应该时时处处为我考量，以我为中心，顾全我的感受，不能让我在同学面前难堪，不仅要有颜面，还要有贤德，尤其是对母亲的"贞"有要求，很难接受母亲另嫁，否则就会有一种背叛的感觉……

看来，母职在传统中意味着牺牲和隐忍，舍弃自我，成全孩子，而且整个环境都是如此要求。

"女本柔弱、为母则刚"看似是对母职的褒扬，实则是一种"绑架"和角色强化——你要顽强、坚韧和牺牲，你只要做到了，你就伟大和荣耀。而且，女性会将这种社会强化，内化为自我感动和价值的来源。

有些女性在生育后会将自己的角色高度单一化——谁谁的妈妈，或者除了母职价值之外，再也找不到比这更有价值的事情了。这对于孩子来说也许并非好事，因为孩子成了你唯一让你感受到自己存在意义的价值来源，孩子则很大程度上不堪重负。

为什么要大篇幅谈妈妈？

因为能够把自己过好这一生的妈妈，孩子大体不会差。

她是你妈妈，她也是她自己

我直到年过三十，才猛然悟到这样的道理：她是我妈妈，但她还是她自己。当明白这一点时，我已经是泪流满面。

很多问题，随之释然。

你凭什么要求母亲要为了你自己而放弃她自己，这只能证明你自己是多么自私，而且是对世界上最爱你的人如此自私。如果你真的爱她，就支持她做她自己。

同样，我们对儿女，也是相同的道理。

如果你爱你的孩子，就让他做他自己。

你"放得过"你妈妈，就能理解如何"放得过"自己，"放得过"孩子。

这不仅是对母亲的救赎和解放，也是子女的成人成才之道。我在日常中发现，妈妈越有自我，越有自己的事业，有自己的生活，有自己的喜好，越不为孩子牺牲什么，那么儿女就越自在，而且诸如学业、身心健康、待人处事各方面表现越

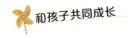

不错。

这真是一个双向的释然和良性循环。像这样的妈妈，应该多多地现身说法。

她除了是你女儿，还是她自己

电影《夜行动物》中有个片段，主人公苏珊的妈妈对她说："女孩最终都会变成妈妈那样。"这句台词曾被称为年度最惊悚台词，因为大部分女生都不愿意变成妈妈的样子。[①]

这个问题可以分两个层面来审视。

其一，无论我们怎样注意，女儿注定要继承我们身上的一部分特质，可能是快乐的，也可能是痛苦的。那我们要做的不是指挥女儿要如何如何，而应该不断地完善自己，坚持学习和成长，因为我们就是女儿的学习榜样。一个女人 20 年后不一定活成母亲的模样，但是母亲一定对女儿的方方面面造成不可磨灭的影响。

其二，如何帮助女儿不变成"我"的样子？不管"我"好或不那么好，我们应该认同，女儿不必活成"我"的模样，她应该活成她自己的样子。最重要的就是，要容许女儿拒绝依从，并接纳和鼓励她的独立性和个性，包括叛逆。

反叛本身就是独立的步骤。

一是给予自由和独立：尊重女儿的意愿和选择，给予她自

---

① 夏文芳. 女人最终都活成了自己母亲的模样［EB/OL］.（2020 - 06 - 20）http://www.360doc.com/content/20/0620/10/70546401_919509084.shtml.

主决策的机会。鼓励她表达自己的观点，并支持她追求自己独特的兴趣和目标。

二是提供多元化的经历：为女儿提供广泛的经历和机会，让她接触不同的文化、领域和观点。这有助于她开阔眼界，培养独立思考和判断力。

三是培养自信心：鼓励女儿相信自己的能力，并给予她支持和鼓励。帮助她发展自信心，让她相信自己可以成为独立、成功的个体。

四是倾听和沟通：建立良好的沟通渠道，倾听女儿的想法和感受。与她进行积极的对话，让她感受到你的支持和关心。

五是提供支持和理解：无论女儿的选择如何，给予她支持和理解。尽量避免批评和过度干涉，而是提供指导和支持，让她从自己的经验中学习和成长。

鼓励她活出自己的样子，而不是我们期望的模样。

二、吃饭如同人生，不是你想要什么就有什么

吃饭如同人生，不是你想要什么就有什么，人生大多数的时候都不如自己的意，那怎么办？

只能坦然接受，并在吃到可口饭菜时开心享受。

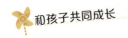

变着花样给儿子做早餐的妈妈

前两天我老公的工资刚被降，今天房租又涨了，在大城市真的是太难了。我们原来的房租是3000元一个月，涨价以后房东说是三个月要1万，差不多3300块钱一个月。我们租的是比较小的两室户，但是住在这里有两个好处，一是幼儿园比较近，出小区门口走几步就到了幼儿园，二是地铁站也是走十几分钟就到了。

我现在在做早餐，昨天晚上把糯米藕给预约上了，现在准备包一个生煎。你们家小朋友也是这样吗？天天说我做的饭没有幼儿园的好吃。我全职5年了，全职之前没有做过饭，现在给他做的我感觉都尽力了。我家小朋友特别喜欢吃花样。每次给他做一些没怎么吃过的，他就会吃得很好。生煎先放锅里煎着，先把预约好的糯米藕切出来……看吧，儿子又在吐槽我了，因为这个藕上周吃过一次。①

这段视频中的妈妈引起了网友的争论，焦点主要在家庭收入不济还要做全职妈妈上。其实，是不是全职妈妈并不是关键，如何自处以及构建与儿子的边界关系才是重点。妈妈

---

① 案例来源：微信视频号"俊俊妈厨房"视频文字实录，2023年1月1日发布。

全职在家，变着花样满足儿子，儿子还觉得诸多不满意，这可能是有问题的。问题有二：一是饭桌教育问题，二是自我和母职关系问题。

饭桌上的教育

饭桌不仅仅是吃饭的地方。孩子不喜欢吃饭，就要想着法子哄着他吃饭，这种常见的习惯是需要矫正的。事实上饭桌的确是小孩子规矩养成的关键场所。青少年问题研究学者李玫瑾说："家的核心不是沙发电视，而是饭桌。当孩子进入到饭桌的时候，他就开始成为一个家庭成员，我们就要开始给他形成一个集体印象，也就是家是一个整体，它不是单个的。"饭桌上的偏爱和特殊照顾，会孕育出孩子的自私与冷漠。

饭桌上的教育，不是在吃饭的时候数落孩子的不是，让孩子瞬间没有吃饭的欲望，而是要立规矩，知人事。

吃饭如同人生，不是你想要什么就有什么。人生大多数的时候都不如自己的意，那怎么办？

只能坦然接受，并在吃到可口饭菜时开心享受。

奉献型的妈妈

是否全职不关键，关键的是妈妈每天花费自己大量的时间和精力来变着花样满足儿子的口腹之欲，而且儿子对此并不怎么待见，甚至在他眼中还不如幼儿园的餐食好吃。这个信号不太好。妈妈的自我感动可能换来的是在儿子眼中妈妈

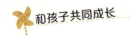

的价值感、存在感并不那么高。不是饭不够好吃,而是做饭的人价值低。

在每个人的生命中,母亲的角色都是非常重要的存在,她直接影响孩子的生活、情感和三观以及日后在家庭中的表现。作为母亲,要教给孩子的东西很多,首先最不应该扮演的就是奉献型且牺牲式的妈妈。

这样的妈妈活得累且地位低,还容易被辛苦养大的孩子嫌弃。她几乎把一切都奉献给了孩子,放弃了属于自己的那一部分享受。

教育家马卡连柯说:父母送给孩子最可怕的礼物,就是为了他牺牲自己的一切,甚至是幸福。

以往,母亲往往被期望以奉献和牺牲的方式来履行自己的角色。这种观念认为,母亲应该把孩子的需求置于自己的需求之上,无私地为孩子付出一切。但事实上,当妈妈能够充分关注自己的成长和满足自己的需求时,她们可以成为更好的榜样,向孩子展示平衡和自我关怀的重要性。这也可以帮助孩子理解个体之间的平等和相互尊重。

今天,越来越多的母亲开始重视自己的事业、爱好和个人发展,这并不意味着她们不关心孩子或不愿意为孩子付出,而是她们认识到自我实现和幸福对于整个家庭的健康和平衡同样重要。

当母亲能够平衡自己的角色、责任和个人需求时,她们便可以更好地指导孩子,鼓励他们独立思考、追求梦想和寻找自已的幸福。这也可以帮助孩子培养积极的价值观和健康的自我认同。

深度阅读

课题分离

在心理学中，"课题分离"（compartmentalization）是一种心理防御机制，用于应对和处理内心冲突与矛盾情感。这种防御机制使个体能够将不同的情感、想法或经历分隔开来，使其在意识层面上不产生交叉影响。通过课题分离，个体可以将不同的方面独立对待，从而减轻内心的冲突和焦虑。

一是分隔不同的情感：个体使用课题分离将不同的情感和情绪体验隔离开来，使它们不会同时出现或相互干扰。例如，一个人可以在工作中保持冷静和专注，而在私人生活中感受到情感上的波动。

二是隔离矛盾的信念：课题分离还可以用来隔离和保护个体内部存在的矛盾信念。一个人可能在心里同时有两种矛盾的信念，但通过课题分离，这些信念被分隔开来，使其不会同时显现出来。

三是避免焦虑和冲突：课题分离是一种自我保护的机制，可以帮助个体避免处理冲突或焦虑情绪。通过将矛盾的情感或信念分开处理，个体可以暂时回避那些可能

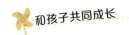

造成不适的情绪。

尽管课题分离有其作用,但在心理治疗中,心理学家可能会帮助个体探索和理解这种防御机制,以便更全面地理解内心的冲突和情感。通过识别和处理内心的冲突,个体可以更好地应对情感和情绪,促进心理的成长和健康。

三、悦纳孩子,悦纳自我

悦纳自我是实现对孩子真正悦纳的基础。只有当我们真正悦纳自己时,才能以同样的方式悦纳孩子。

悦纳孩子本真的状态

悦纳孩子本真的状态意味着理解、接受和喜爱孩子的真实自我。每个孩子都是独特而特别的,有着自己独特的个性、特点和需求。接纳孩子本真的状态是基于对他们的全面理解和尊重,不试图改变他们的天性和个性特点,而是欣赏并接受他们的独特之处。①

每个孩子都有自己独特的性格、喜好和倾向。有些孩子

---

① 沙法丽·萨巴瑞.父母的觉醒[M].王臻,译.上海:上海社会科学院出版社,2013:36—37.

可能活泼好动,喜欢冒险和探索,而有些孩子可能内向安静,更喜欢独自思考和创造。接纳孩子本真的状态就是不以我们的期望和标准来衡量他们,而是真正理解和尊重他们的个性差异。我们要接受他们的特点,支持他们展示和发展自己独特的一面和才能。

悦纳孩子本真的状态意味着接受他们的情感和情绪表达。孩子们通常会展示出各种情绪,包括喜怒哀乐、焦虑、挫折等。作为父母,我们要学会倾听和理解他们的情感,不将自己的情绪和期望强加于他们,而是接纳他们的情绪表达,尽可能提供安全的环境让他们表达自己的感受。我们要给予孩子情感支持和安抚,帮助他们学会管理和表达情绪,而不是批评或压抑他们的情感。①

此外,悦纳孩子本真的状态还意味着尊重和支持他们的需求与兴趣。每个孩子都有自己独特的需求和兴趣,可能对某些活动或领域特别感兴趣,而对其他事物则不太感兴趣。作为父母,我们应该鼓励和支持孩子追求他们真正感兴趣的事物,并提供适当的资源和机会让他们发展自己的兴趣和才能。我们不应该将自己的期望和兴趣强加给孩子,而是尊重他们的选择和需求,帮助他们建立自我认同和自我价值感。②

---

① 沙法丽·萨巴瑞. 父母的觉醒[M]. 王臻,译. 上海:上海社会科学院出版社,2013:36—37.
② 沙法丽·萨巴瑞. 父母的觉醒[M]. 王臻,译. 上海:上海社会科学院出版社,2013:36—37.

所以，我悦纳一个不听话的孩子；我悦纳一个成绩不好的孩子；我悦纳一个不漂亮的孩子；我悦纳一个爱哭爱闹的孩子；我悦纳一个不爱言语的孩子；我悦纳一个调皮捣蛋的孩子；……

总之，我接纳一个如其所是的孩子，一个本真的孩子，一个不需要取悦于我的孩子。

爱人的第一步是爱自己

接受我们的孩子，接受他们最原始的本真，这便引出了另外一个题目：作为某个特别孩子的父亲或母亲，我们也要悦纳自己。悦纳孩子需要先接纳自己，并接受自己的不完美。当父母不能接纳孩子时，通常是因为孩子触及了父母过去的伤口，对父母的自负产生了威胁，尊重和赞赏孩子取决于父母对自己的尊重和赞赏程度。[1]

悦纳自我和悦纳孩子之间存在密切的关系。悦纳自我是指接受和爱护自己的本真状态，包括接受自己的优点和不足，关心自己的需求和感受，并为自己的成长和幸福负责。而悦纳孩子是指接纳和尊重孩子的本质和个性，包括接受孩子的特点和行为，尊重他们的感受和需求，并为他们的成长和发展提供支持和引导。

悦纳自我是实现悦纳孩子的基础，当我们能够真正悦纳

---

[1] 沙法丽·萨巴瑞. 父母的觉醒[M]. 王臻，译. 上海：上海社会科学院出版社，2013：37—39.

自己时,我们会更加宽容和理解自己的不完美,不会对自己过于苛求或自责。这种自我接纳的态度也会影响我们对待孩子的方式。相反,如果我们对自己持有否定或批评的态度,很可能会将这种态度传递给孩子,对他们施加过高的期望或过度批评。因此,只有当我们真正悦纳自己时,才能以同样的方式悦纳孩子,接受他们的天性和个性特点,不试图去改变他们,而是以支持和引导的方式帮助他们成长。①

当我们能够悦纳自己时,我们会更加敏锐地察觉到孩子的需求和感受,更加愿意倾听和理解他们的内心世界。我们不会试图将自己的期望和价值观强加给孩子,而是以尊重和包容的态度与他们互动。这种与孩子建立的积极关系,会增强他们的自尊和信任感,有助于他们展现真实的自我,并且自信地面对自己和外界。

悦纳如其所是的世界

悦纳自我也为我们提供了处理孩子困难行为和挑战的更有效方式。当我们能够悦纳自己时,我们会更加冷静和理性地应对孩子的行为,而不是情绪化地作出反应。我们会更加关注孩子的动机和情感背后的原因,寻求建设性的解决方法,而不是简单地施加惩罚或限制。这种以悦纳为基础的亲子关系,能够培养孩子的自我认识和自我调节能

---

① 沙法丽·萨巴瑞.父母的觉醒[M].王臻,译.上海:上海社会科学院出版社,2013:37—39.

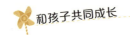

力,帮助他们学会处理情绪、解决问题和与他人建立积极的关系。

同时,悦纳自我也能够为孩子树立一个积极的榜样。当孩子看到父母能够接受和喜爱自己的本真状态,他们也会更加自信地展现自己的个性和特点。他们会感受到来自父母的支持和鼓励,不再为了取悦他人而失去自我,而是勇敢地追求自己的兴趣和梦想。这样的家庭环境会培养孩子的自尊心和自信心,使他们能够在社会中独立自主地生活,并发挥出自己的潜力。

如果我们无法真正悦纳自己,就很难实现对孩子的真正悦纳。当我们对自己持有否定或批评的态度时,很可能会将这种态度传递给孩子,对他们施加过高的期望或过度批评。这种不悦纳自我的态度也会影响我们与孩子的互动,使得我们更加倾向于控制和限制他们的行为,而不是以尊重和理解的态度与他们沟通。这样的亲子关系往往充满紧张和冲突,孩子可能会感受到来自父母的压力和不满,产生自卑和焦虑的情绪。

因此,悦纳自我是实现对孩子真正悦纳的基础。只有当我们真正悦纳自己时,才能以同样的方式悦纳孩子,接受他们的天性和个性特点,尊重他们的需求和感受,并为他们提供支持和引导。悦纳自我和悦纳孩子相互促进,建立积极的亲子关系,有助于孩子的健康成长和发展,培养他们的自尊心、自信心和自我调节能力。因此,我们应该意识到悦纳自我对于亲子关系的重要性,不断努力提升自我悦纳的能力,以实现对孩子真正的悦纳。

　　所以,我接受不完美的自己,也接受不完美的生活,我接受这个事实。

第四章

父母的重生和自我的重逢

第一节　觉知的力量

一、切断不及格教育的代际传递

觉知是为了什么？为了切断不及格教育的代际传递，种种过往，到我为止。我千辛万苦地挣扎摸索，就是为了不把我经历的让我的孩子再经历一遍。

命运会不会重演，取决于我们的反思、觉知的程度和改变的勇气。

我们不希望像自己的父母那样教育孩子，但是……

其实我们不希望像自己的父母那样教育孩子，但有时还是会掉入上一代的模式。

我们不仅有和自己父母一样的价值观，而且常常用和自己父母相同的语调把这些传递给孩子。你有没有吓自己一跳，你对你儿子说了同样的话，你突然感觉到，好像自己正站在

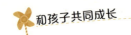

一旁听着你的母亲对你说同样的话①。

佩里的这段描述是不是像极了我们很多家长的日常情境：

> 最最可悲的是我又莫名的沿用父母当年的方式对待孩子,现在正在痛苦的改变中……
>
> 我自认为我是父母教育失败的产物,自从我有独立意识以后就暗自发誓不能以父母的教育方式教导我的孩子。但自从有了孩子,我发现有些事还是按照父母错误教育我的方式去教育自己的孩子……

熟悉和安全的模式

尽管我们努力避免像父母那样教育孩子,但他们的价值观和教育方式似乎仍在我们的言行中流露出来。

这种情况并不是巧合,而是我们父母教育的结果。多年来,我们在父母的教导下成长,那些过往深深地刻在我们的骨血之中,我们不自觉地接受了他们的想法和思维模式,它们已经成为我们的一部分,很难剥离的一部分。

如果我们不反思自己是如何成长的,以及上一辈在我们

---

① 菲利帕·佩里.真希望我父母读过这本书[M].洪慧芳,译.北京:中信出版社,2020:3.

身上留下的影响,有一天你会赫然发现:你一张嘴,说出来的话竟然跟你妈妈一模一样。他们的言行、价值观和教育方式都会深深地烙印在我们的记忆和行为模式中,我们会不由自主地重复着他们的话语和做法。①

人们往往会在亲子关系中复制过去的模式,因为这些模式对我们来说是熟悉和安全的,它们构成了我们的成长环境和"自我"的重要来源。

许多研究表明,父母的教养方式和价值观往往在子女身上产生持久的影响,这是因为我们在成长过程中通过内化来学习,所以即使我们能清醒地意识到父母对我们教育模式的影响并努力避免这一点,但在情绪高涨或压力增加时,我们可能会不自觉地回到那些熟悉的模式中去。②

觉知是最重要的第一步

犯错的人,大多不是故意的,因为他们真的不觉得自己是错的,他们并不知道他们的言行会伤害到孩子的成长,有时候甚至不以为意。所以当孩子向他们明确提出被伤害时,有些父母的第一反应是不认同,他们根本不认为孩子受到伤害。

所以,觉知是第一步,也是最重要的一步。

---

① 菲利帕·佩里.真希望我父母读过这本书[M].洪慧芳,译.北京:中信出版社,2020:3.

② 菲利帕·佩里.真希望我父母读过这本书[M].洪慧芳,译.北京:中信出版社,2020:16—17.

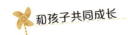

当我们意识到自己正在重复父母的话语和行为时,这也是一个机会去反思和重新评估。我们可以思考这些话语和做法是否真正适合我们的孩子,以及我们是否希望传递给他们相同的价值观。

我们可以借此机会重新思考自己的教育方式,并尝试采取不同的方法和观点来塑造我们孩子的成长环境。

首先,我们需要认知到我们可能在不知不觉中传递不良教育方式给我们的孩子。这些方式可能是我们从父母那里学到的,或者是我们在社会生活中习得的。当我们的孩子做错事时,我们可能会像我们的父母一样批评他们,而不是帮助他们理解自己的错误,并想办法解决问题;我们可能会对他们过度保护,让他们缺乏自主性和独立思考的能力;我们还可能会忽视他们的感受和需求,让他们感到不被重视……这些不良教育方式可能会让孩子感到无助和挫败,让他们在成长过程中受到伤害。

其次,我们需要反思自己的教育方式,并尝试改变不良教育方式。反思是一个必要的过程,帮助我们意识到自己的不足,以及如何改进。我们需要更多地倾听孩子的感受和需求,并尊重他们的个性和选择;我们需要教育他们如何独立思考和解决问题,而不是简单地告诉他们应该怎么做;我们需要与孩子建立良好的沟通渠道,让他们感到我们是他们的支持者和朋友。

如果我们不自省和反思,我们将继续重复过去的模式,无法摆脱父母教育的影响。因此,我们需要花时间思考自己是如何成长的,以及上一代对我们的影响是什么样的。你可以冷静地拆解、分析你的童年,回顾过去,在家庭生活中曾经发生过什么难忘的事情,当时你有什么感受,现在又是什么感受,等等。只有通过反思和自我认知,我们才能逐渐抛弃旧有的模式,培养出适合自己和孩子的健康教育方式。

要记住的是,我们不必因为曾经受到的教育方式而感到羞愧或惊讶,这些经历是我们成长历程中的一部分,而我们可以选择在这个过程中不断成长和改变。通过审视自己的教育方式,并尝试以不同的语调和观点与孩子沟通,我们可以打破旧有的模式,创造出更加积极和富有启发性的教育环境。这样,我们就可以在教育孩子的过程中成为更好的父母。

深度阅读1

家庭系统理论

美国精神分析学家默里·鲍文(Murray Bowen)的家庭系统理论,着重于家庭成员之间的相互依存性和相互作用,探讨了家庭传代的模式如何影响个体成员。

自我分化(Differentiation of Self):这是鲍文理论的核心概念之一。自我分化指的是个体在情感上与家庭系统保持独立,并且能够保持自己的观点和立场,即使在家庭压力和冲突下也能保持相对的冷静和自主。自我分化较高的个体更加能够独立思考和作出理性的决策,而自我分化较低的个体可能更容易受到家庭系统的影响和情绪波动。

三代过程(Three Generations Process):家庭系统理论关注代际传承中的模式和过程。鲍文认为,家庭中的模式和问题往往在三代之间传递。因此,理解家族历史和代际之间的关系对于理解个体问题和家庭系统的功能非常重要。

围绕问题的三角关系(Triangulation):这是指在家庭中,当两个家庭成员之间存在紧张或冲突时,第三个家庭成员可能会成为他们之间的调停者或缓冲。这种三角关系可能是暂时的,但在某些情况下可能会导致问题更加复杂化。

多世代传承(Multigenerational Transmission Process):这个概念涉及家庭中的模式和问题如何从一代传递到下一代。鲍文强调,家庭成员之间的情感联系和关系将在子女的行为和情感健康方面产生影响。

家庭投射过程(Family Projection Process):家庭中的成员往往会将他们自己的问题和情绪投射到其他家庭成员身上,尤其是父母会将他们未解决的问题传递给子女。这种投射过程可能导致代际之间的问题继续传递。

深度阅读2

潜意识

被认为是20世纪最伟大的三位心理学家(阿德勒、弗洛伊德、荣格)之一的卡尔·荣格说:当你的潜意识没有能够进入你的意识的时候,那就是你的命运。

在荣格的理论中,他认为潜意识是个体心理中一个非常重要的部分,包含了个体经验、情感、欲望等无意识的心理内容。潜意识对个体行为、情绪和决策产生着巨大的影响,但往往这些内容不为人所察觉,深藏在内心。

荣格认为,当个体的潜意识没有能够进入意识层面时,就会对个体产生影响,塑造个体的行为和命运。换句话说,人们的行为和命运往往受到潜意识中的内容所驱使,但这些内容并没有完全进入人的意识,因此个体可能并不自觉地受其影响。

了解并意识到潜意识中的内容对于个体的成长和心理健康非常重要。通过自我认识和心理探索,个体可以更好地理解自己的潜意识,从而能够更好地应对和处理内心的冲突和困惑。荣格的理论对心理治疗和个体心理发展产生了深远的影响,帮助人们更好地认识自己,寻求自我实现和内心的整合。

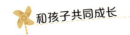

二、原生家庭的和解，到底怎么和解

我们天天挂在嘴上的"和解"，就是原谅曾经伤害过我们的家人，然后就能获得圆满了吗？

"大团圆"≠"内心圆满"

几年前有一部电视剧《都挺好》，因为直击中国原生家庭的问题而引起广泛关注，演员的表演、导演的功力、影视的质感都属上乘，但是看到最后的结局时，发现大家对心理学中的"和解"可能有一些认识上的偏差。

女主人公苏明玉出生在一个母亲强势，父亲无能且懦弱、毫无担当的家庭中，上有两个哥哥，大哥成绩优异，二哥游手好闲、逞勇斗强，但不管是成绩优秀的大哥，还是形迹混子的二哥，都深得母亲的宠爱，唯独不喜欢她，尽管自己也成绩优秀，表现出众，母亲却视她为"将要泼出去的水"，不仅不值得投入花钱，甚至不值得关爱。为了给大哥筹集出国费用，不商量就将她的小房间出售；为了给家里省钱，将她报考北大的志愿（她分数可以考北大）改成不花钱的师范。而且其间有个小细节，苏明玉从小到大，一直都处在二哥拳头的隐形威胁之下。而面对女儿遭受的所有不公和委屈，父亲却一言不发、从不声张，只要有事就会拿张报纸假装如厕远远躲开。

成年之后的苏明玉独自从大学兼职做销售开始，一步一个脚印做成了事业有成、生活体面、风姿飒爽的独立女性。苏明玉开始了帮扶失业大哥、资助老爹的生涯，她已经不是小时候那个可以随便欺负的小女孩了，而是对家人有很大贡献的角色，是叱咤职场的女强人了。

但是即便如此，在和二哥产生误会发生矛盾后，二哥仍旧直接挥拳相向，把苏明玉打到进医院，这其实也是一种隐喻——即便你再强，你还是那个说挨打就被打的小女孩。

而在苏明玉的强势母亲去世后，仿佛人生第二春的父亲却彰显出只顾自己，毫无担当的"气节"：二哥打了你，跟我没关系，我只要你们照顾我、给我养老。

这样的原生家庭，最后的大结局是"大团圆"了。而且苏大强患上阿尔茨海默症，记忆所剩无几。一向与原生家庭保持冷漠距离的苏明玉选择放弃如日中天的事业，陪伴父亲度过最后的时光……

不是说这个结局不能成立。在实际生活当中，确实有很多女儿就是在对创伤过、忽视过自己的家庭成员给予无条件的原谅、付出、承担。

为什么？

因为没有弄明白真正的"和解"是怎么回事，需要依靠这种方式来弥补自己曾经缺失的爱。没被好好爱过的孩子恰恰是满足家庭索取最多的。

必须指出的是，这种结局糟糕的是，会给家长以及孩子造成一种误解：我们天天挂在嘴上的"和解"，就是原谅伤害过我

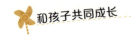

们的家人,然后我们就能放下心结了。

受创伤者原谅制造创伤的人,并不能治愈创伤经历,所以形式上的"大团圆",绝非心理上的"圆满"。

和解是指向自己不是他者

我们生下来,对于父母、兄弟姐妹来说理应"光芒万丈",他们应该是世界上最爱"我"的人才对,但是他们不仅不爱"我",甚至对"我"挥拳相向。

这会让"我"对自己产生质疑:为什么世界上本应该最爱"我"的人却不爱"我",是不是"我"不够好,所以他们才不爱"我"?

这才是症结所在!

当我们意识到,他们不爱"我"并不是因为"我",不是"我"的错,我们对此才能真正释然。

所以,和解,不是原谅他人,而是和自己和解,是认识到问题的本质,重新认知自己,以及和创伤的关系。

三、觉知养育:治愈自我,疗愈孩子

在亲子关系中,一个觉知的父母会意识到自己曾经遭受过的童年创伤,对自己孩子的影响,并努力打破这种恶性循环,为孩子创造一个安全、温暖和无条件接纳的环境。

这样的父母不仅会治愈自己的创伤,也会帮助孩子疗愈他们的创伤,从而打破代际传递的伤害。

老乔的故事[①]

老乔今年 40 多岁了，尽管人很聪明，却始终不能在一个职位上待够一年，从大企业到小公司，没有一样是他合意的。在每个职位上，他都会发现有人和他对着干，最后他不得不离开。如今他走进了死胡同，因为没人愿意雇用一个工作经历如此不稳定的人。

如果老乔自我审视一番就会发现，是他自己拒人于千里之外，堵死了所有的路。这一切都是因为，他从记事起就认定自己在这世上不受欢迎，他总觉得自己会遭人背叛，于是总是陷入苦恼。基于这种过分的感觉，他对生活中的其他人都设定了不近人情的评判标准。由于这些标准是无法达到的，他的恶性循环只能继续下去。

老乔还把这种不良情绪带入了作为父亲的角色之中。他给孩子施压，要求他们必须成绩优秀，要求他们参加那些他认为有价值的活动，并根据孩子在其中的表现来衡量他们。结果，他的儿子不回家，而且厌学、逃学。自我放弃是一个简单的选择，那样他就不用担心自己会令父亲失望了[②]。

[①] 案例来源：沙法丽·萨巴瑞. 父母的觉醒[M]. 王臻，译. 上海：上海社会科学院出版社，2013：133.

[②] 笔者在日常教学中也发现，虽然有些孩子没有厌学逃学这么严重，但是一旦分到学习任务，他们的第一反应是抗拒、不乐意。为什么？"懒"不是有效的解释，很大程度上是孩子之前有做了事情，被评价为"没做好"的经历。他们采取放弃的方式，不给别人否定自己的机会。

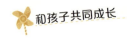

童年创伤

一个人在成长过程中受到童年创伤,会导致他在成年后出现一系列问题和负面行为。有的成年男子对自己和周围的人设定不近人情的标准,并且常常感到不满足和失望,他会将这种情绪带入自己的角色,作为一个父亲,对孩子施加不合理的压力和要求,导致孩子产生逃避和反抗的行为……

这种行为和情绪的根源可以追溯到他童年时期的创伤和缺乏足够的父母接纳。如果一个人在童年时期没有得到父母无条件的接纳和关爱,可能会在成年后持续寻求这种接纳的满足,但往往陷入一个恶性循环。

他的自负和高标准可能是为了填补内心的空虚感和不安全感,他对自己和他人的苛刻评判,以及对孩子的压力,都是他试图通过控制和追求完美来获得内心满足感的表现。然而,这种行为只会加剧他自己及其家庭成员的痛苦。①

理解自己童年的创伤和内心的需求,进行自我反思和审视,是帮助自己走出困境的第一步。通过寻求心理咨询和治疗的支持,可以逐渐解开内心的伤痛,并学会建立更健康的自我认同和亲子关系。同时,我们也需要关注自己对他人的接纳和关爱,可以通过倾听和理解他人的需求,以及提供支持和接纳的环境来为整个家庭带来积极的变化。

---

① 沙法丽·萨巴瑞.父母的觉醒[M].王臻,译.上海:上海社会科学院出版社,2013:134.

觉知的父母

无论我们在成年后取得多大的成功和幸福,那些童年时期的渴求和伤痛依然存在,除非我们主动去治愈它们。无论我们获得多少物质财富、学位或者得到多么深爱的伴侣,都无法完全弥补童年时期对父母无条件接纳、无条件的爱的渴望。

这种童年创伤会影响到我们对自己和他人的看待方式,并在我们的亲子关系中产生连锁效应。因此,对自己进行一番审查,认真面对和疗愈童年创伤,对我们个人和家庭都是非常有益的。

审查自己意味着面对过去的伤痛和不安,探索它们对我们现在的影响。这需要勇气和坦诚,但通过这个过程,我们可以开始理解自己的需求、恢复内心的平衡,并走向自我接纳和自我疗愈的道路。

在亲子关系中,一个觉醒的父母会倾听和理解自己的孩子,并努力满足他们的需求。他们会意识到自己曾经遭受过的童年创伤,对自己孩子的影响,并努力打破这种恶性循环,为孩子创造一个安全、温暖和无条件接纳的环境。这样的父母不仅会治愈自己的创伤,也会帮助孩子疗愈他们的创伤,从而打破代际传递的伤害。

通过自我审查和治愈童年创伤,我们可以开始重建自己的内在世界,并为下一代创造一个更健康、更有爱的家庭环境。这需要时间和努力,但最终会使我们成为觉醒的父母,为

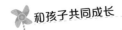

自己和孩子带来更多的幸福和和谐。

深度阅读

阿德勒 VS. 弗洛伊德

阿尔弗雷德·阿德勒(Alfred Adler)和西格蒙德·弗洛伊德(Sigmund Freud)是心理学领域两位重要的心理学家,他们各自创立了不同的心理学派,并对心理学的发展产生了深远的影响。

弗洛伊德的早期心理学观点中,他将很多心理问题归因于儿童时期的心理创伤经历,特别是童年性创伤。他认为,这些创伤经历会导致个体内心的冲突和防御机制的产生,从而影响成年后的心理发展和行为。弗洛伊德在自己的理论中强调了潜意识对人的行为和情感的重要影响。

与弗洛伊德不同,阿德勒的心理学观点更加强调个体的目标和意义。他认为,人的行为和情感是受到对目标的追求和个人意义的影响。心理问题可能来自对目标的过分依赖或不适当的目标设定,从而导致情感上的紧张和问题。

阿德勒的心理学强调个体对目标的追求和生活意义的重要性,他并不像弗洛伊德那样把心理问题简单地归结为过去的创伤经历。

总体而言,弗洛伊德和阿德勒代表了心理学中两种不同的理论观点。弗洛伊德注重潜意识和过去经历的影响,而阿德勒更关注个体的目标和目的感,强调对生活意义的追求。不同的心理学理论为我们提供了多个角度去理解和解释人的心理发展和行为。

第二节　当下的力量

一、孩子长大后,你想让他做什么

"孩子长大后,你想让他做什么?"
"他已经做到了。"

他已经做到了

　　他已经做到了——这是关于这个问题最美妙的回答,用极简风格的语言表达了一种极其深刻的认知状态——在父母眼中,孩子已经达到期望的目标或完成所希望的任务。它暗

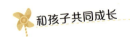

示着孩子已经成长为一个令人自豪和满意的个体,无需进一步的期望或要求。

这样的对话也暗示着对孩子成长过程中的支持和鼓励,以及对他们自我发展的尊重。它强调了家长或他人对孩子成就的认可,不再有额外的期待或压力,给予孩子更多自主权和自由去追求他们自己的目标和兴趣。

这句话传递出一种满足和接受孩子成就的态度,同时也倡导尊重孩子个体发展和选择的重要性。它鼓励家长和他人关注和欣赏孩子已经取得的成就,并为他们提供支持和鼓励,而不是过度期待或要求更多。

我们的期望

如果我们总是关注孩子未来会变成什么样子,而忽视他们当前的状态,就会向他们传达出他们不完美的信息。

当孩子看到我们失望的目光时,会在内心种下焦虑、伪装、自我怀疑和犹豫不决的种子。他们会认为自己需要变得更美丽、更聪明、更有才华,才能获得我们的爱。因此,我们剥夺了他们展示真实自我的激情。[1]

在教育孩子的过程中,我们需要时刻反思自己的期望和行为。我们要警惕是否将我们的欲望和成就感投射到孩子身上,是否给予他们足够的自由和尊重。只有在理解、尊重和支持的

---

[1] 沙法丽·萨巴瑞.父母的觉醒[M].王臻,译.上海:上海社会科学院出版社,2013:175.

环境中,孩子才能真正展现自己的潜力,活出自己的本真。①

每个孩子都是独一无二的,有自己的兴趣、能力和发展轨迹。我们应该尊重孩子的个性和特点,不把他们看作是我们的延伸或满足自己期望的工具。

如果我们希望孩子摆脱我们不切实际的期望,我们需要彻底放下自己的束缚。我们首先是一个独立的个体,然后才是作为父母的角色。我们应该给予孩子自由的空间,让他们独立思考、发展自己的想法和梦想。我们应该成为他们的支持者和引导者,而不是决策者和掌控者。只有这样,我们才能帮助他们真正成长,并找到属于自己的道路。②

合理期望的原则

对孩子合理期望,应该遵循以下原则。

一是理解和支持:我们应该理解孩子的需求和追求,并提供他们所需要的支持和指导。这包括在他们面临困难时给予鼓励和安慰,帮助他们发现自己的潜力和克服挑战。

二是培养健康的价值观:我们可以期望孩子树立正确的价值观,例如诚实、尊重他人、助人为乐和责任感等。这些价值观是他们成为善良、正直和有社会责任感的人的基础。

① 沙法丽·萨巴瑞.父母的觉醒[M].王臻,译.上海:上海社会科学院出版社,2013:176—177.
② 沙法丽·萨巴瑞.父母的觉醒[M].王臻,译.上海:上海社会科学院出版社,2013:180—181.

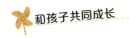

三是培养积极的品质和技能：我们可以期望孩子培养积极的品质和能力，例如坚持不懈、自律、合作、创造力和解决问题的能力。这些品质和技能对他们的个人发展和未来的成功都具有重要意义。

四是健康发展和幸福感：我们可以期望孩子有一个健康的身心发展，并追求自己认为重要的幸福和满意感。这涉及培养他们的情绪管理能力、自尊和自信心，以及关注他们的身体健康和心理健康。

五是探索兴趣和追求激情：我们可以期望孩子能够探索自己的兴趣和热情，并追求他们真正感兴趣的事物。这有助于他们发现自己的激情和目标，从而更有动力地投入学习和生活中。

以上期望都是现实可行的，旨在培养孩子全面发展、独立自主和有意义生活的能力。重要的是，我们要给予孩子足够的尊重和自由，让他们能够根据自己的内心声音和兴趣选择自己的道路，并提供他们需要的支持和指导。

深度阅读

人本主义心理学

人本主义心理学是心理学的一个重要流派，也被称为"人本主义和存在主义心理学"。它强调个体的主观体验、人类潜力的发展和人的尊严。人本主义心理学强调每个个体独特的人性和自我实现的可能性,以及关注人类的主观感受、情感和精神成长。

人本主义心理学具有以下一些主要特点。

(1)个体的自我实现:人本主义心理学认为每个个体都有潜力实现自己的最大可能性。它强调个体自我探索、自我认知和自我发展的重要性。

(2)尊重和关怀:人本主义心理学强调治疗师对个体的尊重、理解和关怀。在治疗过程中,治疗师与个体建立积极的工作关系,以帮助个体发展和成长。

(3)当下的体验:人本主义心理学关注个体在当下的体验,强调个体"此时此刻"的感受和意义。个体的主观体验在其心理和情感成长中具有重要意义。

(4)个体的选择和责任:人本主义心理学认为个体是自己生活的主人,拥有自主性和自由选择的权利。个体需要承担自己的选择和决策所带来的责任。

(5)文化和社会环境:人本主义心理学承认个体的成长和发展受到文化和社会环境的影响。它强调个体和社会之间的互动和关系。

人本主义心理学对于心理治疗和心理咨询产生了重要影响。一些著名的人本主义心理学家包括卡尔·罗杰斯(Carl Rogers)、亚伯拉罕·马斯洛(Abraham Maslow)等。这些心理学家的贡献对于人类心理学的发展和心理

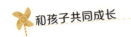
疗法的实践产生了深远的影响。人本主义心理学强调个体的积极性、尊严和成长,成为心理学中一个重要的人文关怀的观点。

二、教养孩子重在过程还是结果

没有期待、没有恐惧,只是走在路上。这是很高的处世境界,也是为人父母的纯甄境界。

"佛系"家长新解

希阿荣博堪布在接受《环球人物》专访时谈道:其实"佛系"不是大家想象的那样消极,或者无为。或许,换一种说法更能理解,无欲无求可以理解为"没有期待也没有恐惧"。这是非常稀有的品质,尤其在现在社会,各种期待、压力、诱惑、干扰之下,要做到没有期待也没有恐惧很难。这不是一味的消极,而是异常的坚韧和开阔。[①]

没有期待、没有恐惧,只是走在路上。这是很高的处世境界,也是为人父母的纯甄境界。梁漱溟说,人不是渺小,而是悲惨,悲惨在于自我受限,吃饭时各种需索,睡觉时百般计较,辗转反侧、食不知味,人生第一等事,就是吃饭好好吃、睡觉好

---

① 王晶晶.希阿荣博堪布:修行要贴近生活[J].环球人物,2019(1):13—14.

好睡,于是日日是好日,时时是好时。

其实智者表达的都是一个意思,人生若论结果,都是殊途同归,不同的只是如何过好这一生,如何对待当下这一瞬。

把注意力放在结果之前的过程当中

教育学家萨巴瑞在著作《父母的觉醒》中举了自己的例子[①],让人印象深刻:

我12岁那年,每门功课都得了A。拿到报告单后,我兴奋地一路狂奔回家,投入了母亲的怀抱。母亲以她典型的庆祝方式与我共舞,一道享受快乐。我以为父亲也会同我们一起手舞足蹈、雀跃欢呼。

但他却微笑着说:"得A很不错。不过更重要的是,你找到了最佳的学习方式。"直到我将近20岁时才理解父亲的话。你瞧,这是他一贯的反应,不管我的成绩如何。即使我得了C,他也一样会说:"得C也不错。不过更重要的是,你找到了最佳的学习方式。"

当然,我得到C的时候,他那平静的反应对我绝对是莫大的安慰!他用最微妙的方式告诉我,不必太执着于A或C,而应关注学习过程。

---

① 案例来源:沙法丽·萨巴瑞.父母的觉醒[M].王臻,译.上海:上海社会科学院出版社,2013:183.

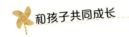

这位父亲的反应为什么让人印象深刻,其中有两点值得我们反复咀嚼回味。

第一,你拿了全 A,"我"固然为你的优秀感到欣喜,但也没有如你期待的那么欣喜若狂。

是因为,作为父亲,"我"想让你知道,"我"为你高兴为你骄傲,只是因为你是"我"心爱的女儿,而不是因为你是全 A 生,如果因为你是全 A 生"我"才高兴,那么,如果你拿了 C,"我"是不是就应该呵斥你,就不爱你了?!

那么,"我"对你的爱就是带有附加条件的——你必须优秀,否则,你就不配得到父亲的爱和赞赏。那你此后的家庭生活、人生道路上,对你的上司、对你的丈夫甚至孩子,岂不是要处处优秀才配获得关注和爱?

所以,这是一位超级棒的父亲,因为他给出了明确的正确的信号——"我"爱你,只是因为你是"我"的女儿,无关其他,无论你是 A,还是 C。

第二,全 A 或者优秀,只是你享受学习过程的一个附带成果,而不是目标本身。

作为父亲,如果"我"强化拿 A 这个结果很重要,那么你的所有努力和注意力就只能全力以赴奔着一个所谓的结果而去,你会时刻提醒自己,如果没有拿到结果,"我"的父亲会失望,会不那么为"我"骄傲甚至不再爱"我"……你整个人会变得焦虑不安,时时刻刻都活在"如果我拿不到 A 会怎么办"的焦躁之中,如果坏的结果真的到来,会深深陷入巨大的失败感之中。

而焦虑本身会吞噬人,会消耗掉一个人诸多的精气神。

活在当下,陪伴成长:现代家长的使命

当我们将焦点从未来转向当下时,不再困扰于那些关于"将来怎么办"的问题,我们可以解放孩子的心灵。他们不必担心自己将来会变成什么样子或者如何表现,而能够在自由自在的状态下享受学习与生活。①

通过忘却未来的期许,我们能够创造一个更加放松和积极的环境,让孩子专注于当前的经验和成长。我们不再将过多的期望施加在孩子身上,而是鼓励他们享受学习的过程,发现内在的动机和热情。我们注重培养孩子的好奇心和探索精神,而不是过度关注外界的评价和成绩。

在这种新的思维方式下,我们帮助孩子学会接纳平凡的日常生活,以及面对失败和挫折。我们教导他们从失败中汲取教训,并激发他们的创造力和问题解决能力。我们鼓励孩子勇于尝试新事物,无论结果如何,都给予他们支持和赞赏。

通过转变我们对未来的关注,我们创造了一个更加自由和充满活力的成长环境,让孩子能够全身心地沉浸于当前的学习和生活。他们学会珍惜每一个当下的经历,接纳自己的独特性,并逐渐成长为适应力强、积极向上的个体。

最后,我们需要明白觉醒的教养方式不是凭空的理论,而

---

① 沙法丽·萨巴瑞.父母的觉醒[M].王臻,译.上海:上海社会科学院出版社,2013:181.

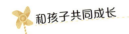

是通过我们自身的实践和身体力行。只有当我们能够真正活在当下，并以身作则，才能够引导孩子走向觉醒的道路。[①] 让我们一起努力成为觉醒的父母，与孩子共同体验生命的奇迹，让他们自由展现自己的光彩。

深度阅读

正念

"正念"(Mindfulness)是一种古老的心理学和冥想实践，源自佛教的传统。它在现代心理学中得到广泛的关注和研究，被认为是一种有益身心健康的实践方法。

正念的核心概念是通过专注当下的经验，以非判断性、接纳性的态度来觉察自己的思维、情感和身体感受。它包括了以下几个关键方面：

（1）当下意识：正念强调将注意力集中在当前时刻的经验上，全神贯注于当前正在进行的活动，而不是过去或未来。

（2）非判断性：正念鼓励对于所觉察到的一切经验以开放、非判断的态度来接纳，而不是批判、抵抗或逃避。

（3）接纳：正念教导我们接受一切的内在经验，无论是积极的情感、负面情绪还是身体上的感受，而不是试图

---

① 沙法丽·萨巴瑞.父母的觉醒[M].王臻，译.上海：上海社会科学院出版社，2013：181.

改变或抑制它们。

（4）专注力：正念培养了专注力和注意力，让我们能够更好地感知自己的内心世界和外部环境。

正念练习可以通过冥想、呼吸练习、身体扫描等方法进行，也可以在日常生活中实践，比如在吃饭、洗澡、散步等活动中全身心地投入其中，觉察自己的感受和思维。

三、痛苦的苏格拉底还是快乐的小猪

我们现在经常说一句话："幸福的童年可以治愈一生，不幸的童年要用一生去治愈。"生就幸福家庭的孩子多么让人羡慕啊，那么不幸的人是否一无所获呢？

并非一无所获

并非一无所获，这绝非安慰之言。

人生有三层境界：快乐的小猪；痛苦的苏格拉底；升华的智者。

从形式上看，快乐的小猪和升华的智者，都会展现出平静之态，高僧大哲和乡间渔夫都会有相同的表象，比如恬淡如水、不紧不慢于手中的活计，但是经历过挣扎、痛苦、爱、恨，通过反复的觉知才到达的平静，可能有着质的差别。

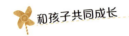

当然这并不是说，幸福的人就会停在快乐的小猪阶段；读书和觉知都能帮助我们经验未曾经验到的事物，从而进阶。

不过体验或没有体验过那种蚀骨之痛，可能会有所不同，比如有些年轻演员，不可谓不努力，演技也还行，但就是差点儿意思。我们看看那些伟大的艺术家、音乐家、文学家、哲人，往往都出自痛苦，而不是快乐，也是相同的道理。

生就而成的平和，和经受不屈、不甘、万般挣扎后的平和，可能是不同的。那些通过痛苦和挣扎，最终达到一种更高层次的平和与智慧的人，可能超越了个人欲望和烦恼，看到了更广阔的生命意义和宇宙的秩序。

两个阶段

在心理学上，有个概念叫作"创伤后的心理繁荣"，指的是经历心理创伤后的人，在某些方面能够表现出更高的心理繁荣水平。这种现象在心理学中也被称为"创伤后成长"，经受创伤后的心理繁荣通常表现为更深刻的自我认识，更高的情感敏感性，更强的社交支持和更强的逆境应对能力。

武志红老师用自己的亲身体会进行这样的描述，心理创伤给人们带来了两个不同的生命阶段①：前一个阶段，原始自我对外在境遇适应不良，比如无法适应高度竞争的城市生活节奏，无法符合一般社会定义的成功状态，生命活力被抑制，

---

① 武志红. 人到中年才发现"出轨"是个好东西［EB/OL］.（2022 - 02 - 02）http：//www. 360doc. com/content/22/0202/20/64310165_1015751132. shtml.

整个人进入压抑的阶段;而后一个阶段则是经过自我调整和成长,心态更加开放自由,重新恢复活力,比之前活得更加自在真实。用通俗的话解释,就是——那些没有打败我的,竟然使我更加坚强了。

自我升级

创伤后的自我繁荣,不仅意味着心理的康复,还意味着创伤后自我有一个升级。

个体在经历严重负面事件后,通过一系列的心理适应和积极应对策略,能够重新恢复生活平衡并在心理上得到提升和成长。这种成长不是简单地恢复到原有的状态,而是通过经历创伤后的积极转化,我们变得更加坚强、自信、有意义,也更能够感知他人的需要。

创伤后成长是一个相对新的研究领域,它打破了原有的心理学模式,从病理学模式转向积极心理学模式。在以往的心理学研究中,心理学家主要研究负面事件对人们身心健康的负面影响。但是,随着积极心理学的发展,人们开始关注负面事件后的积极变化。

创伤后成长的研究表明,个体在经历心理困境之后,有可能会出现多种积极变化,包括更加关注自我成长和自我实现、更加关注生命的意义、更加关注亲密关系和社会支持等等。这些积极变化使个体更加有能力面对未来的挑战,也能够更好地与他人建立良好的关系。

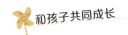

　　创伤后成长的积极影响还可以传递给他人,那些能够从精神困境中走出来并获得成长的人,通常会表现出更加积极的社交行为和更加健康的生活方式,从而影响他们周围的人,帮助他们实现自我成长和生命意义的探索。

　　这种"创伤后的自我繁荣"是一种自我救赎的过程,是一种心理上的重生。它不仅仅是一种转变,而是一种成熟和超越,使得自我在抑郁中经历的失败和痛苦,变成了一次自我提升的机遇。它是一种把抑郁变成活力,把失败变成成功的精神转化,是一种从苦中得到甜的精神解放。

　　心理创伤有时会让人感到无助,但是它也可以让人成长。当一个人在泥沼中挣扎时,他们可能会发现他们有能力把自己彻底改变。

　　第一,创伤后的成长,从心理层面上说,是一个自我认知的过程。深陷心理困境中的人可能会遇到很多挑战,当他们接受自己的状态,并且正确地对待它时,他们会更加理解自己,并有助于他们建立正确的自我认知,从而更好地控制自己的情绪和行为。

　　第二,创伤后的成长,从情感层面上说,个体可以学会尊重自己的感受,承认自己的情感,而不是把它们认为是负面的或者有害的,从而有助于他们控制自己的情绪,帮助他们在生活中保持平衡。

　　第三,创伤后的成长,从行为层面上说,个体可以学会自我管理,更好地管理自己的时间,更好地利用自己的资源,从而更好地实现自己的目标。他们可以学会如何有效地改变自己的行为,以及如何更好地应对困难,从而更好地应对生活中的挑战。

创伤后的心理繁荣是一个持续的心理过程,经历过天昏地暗、重建光明的人可以从中获得认知、情感和行为上的变化,从而获得心中的繁花胜景。

深度阅读

积极心理学

积极心理学(Positive Psychology)是心理学的一个分支领域,由美国心理学家马丁·塞利格曼(Martin Seligman)于1998年提出并发展起来。它强调关注人类积极的个体特质、优点和成长,并致力于研究和促进人类幸福感、满足感和积极情绪,而不仅仅关注问题和心理障碍。

传统心理学主要关注人类心理问题的诊断和治疗,而积极心理学则将研究的重点转向了积极的心理特质和功能。它试图回答一些关键性的问题,如:什么是幸福和幸福感,以及如何衡量和评估幸福感?什么是人类的优点和优势,以及如何培养和发挥这些优点?如何增进人类的心理成长和发展,促进心理弹性和适应性?

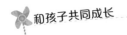

积极心理学的核心理念包括以下方面:

(1) 关注个体的优势:积极心理学鼓励人们发现和发展个人优势和积极特质,例如乐观、勇气、创造性、感恩、智慧等。通过发展这些优势,人们可以更好地适应生活的挑战和困难。

(2) 幸福感和满足感的研究:积极心理学强调对幸福感和满足感的研究,探讨什么因素可以提高人们的主观幸福感和生活满意度。

(3) 心理弹性和适应性:积极心理学关注个体在面对挑战和逆境时的心理弹性和适应性。研究表明,积极心理特质和弹性可以帮助人们更好地应对生活中的压力和困难。

(4) 快乐和意义的平衡:积极心理学关注个体在寻求快乐和追求意义之间的平衡,认为追求意义和价值观的实现对于整体的幸福感和心理健康也是至关重要的。

积极心理学在心理学领域产生了积极的影响,推动了对人类幸福和心理成长的更深入理解。它不仅在临床心理学和心理治疗中有所应用,还在组织心理学、教育心理学等领域得到了广泛应用。通过培养积极心理特质和积极情感,人们可以更好地应对生活中的挑战,提高幸福感和生活质量。

第三节 强者的力量

一、和孩子谈生死：中国家长必须补上的一课

中国家长有两大禁忌——跟孩子谈性，和跟孩子谈生死，尤其是后者。

不能触碰的逆鳞

中国人忌谈死。中国很多家长不能接受、不容许孩子触及生死的议题。很多教育同行感慨，死亡教育推进起来比性教育难多了。比如"本来没有想法的都要有想法了"，就是家长的代表性心态，也是中国家长为什么不愿意和孩子谈生死的心结。

如果不谈这个话题孩子就能无事成长，那当然最好了，但是事实可能不遂我们愿。早在 2007 年，北京大学公共卫生学院儿童青少年卫生研究所发布的《中学生自杀现象调查分析报告》中显示：每 5 个中学生中就有 1 人曾考虑过自杀，占样本总数的 20.4%，超 16% 的学生有过轻生念头，而为自杀做

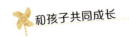

过计划的占 6.5%。①

2023 年发表在《中国疾病预防控制中心周报（英文）》的研究指出，2010—2021 年，中国总体自杀死亡率显著下降，但儿童青少年组自杀死亡率上升。三个年龄群体（25—44 岁、45—64 岁和 65 岁或以上）的自杀死亡率显著下降，15—24 岁年龄组则没有显著变化，最年轻的群体（5—14 岁）的自杀率大幅上升。② 作为家长，我们不必把生死教育视为洪水猛兽，我们也不宜把头埋进沙子里。我们需要做的，是正视它、面对它、处理它。

死亡教育，中国人缺失的必修课

十几岁的孩子轻易地跳楼，不是把生死看淡了，而恰恰是不知道死亡是怎么一回事，人生是怎么一回事！这恰恰说明我们生命教育的缺位！

真正思考过死亡，明白死亡，才能体会活着是一件多么美妙的事，才能体会活着的全面意义和价值！面对死亡，我们就能知道什么才是最重要的，什么才是让我们真正快乐的，如果我们能把每一天都当作最后一天来过，我们会发现生命会变得无比充实和富有意义！

---

① 资料来源：北京大学儿童青少年卫生研究所，《中学生自杀现象调查分析报告》，2007 年 1 月发布。

② Min Zhao, Li Li, Zhenzhen Rao, David C. Schwebel, Peishan Ning, Guoqing Hu. Vital Surveillances: Suicide Mortality by Place, Gender, and Age Group China, 2010 - 2021. China CDC Weekly, 2023, 5(25):559 - 564.

死亡看上去和年轻人离得很远,但正确的死亡认知,能让青年人更深切地了解生命的价值,进而万分珍惜自己这独一无二且仅有的生命,不因成长的挫折和人生的困顿而轻生。

正是因为人有生死,才让生命的一切劳作有了意义和价值。做什么、怎么活,才不亏了这仅有的一生一世?这是推动死亡思考的原动力,也能够帮助激发年轻人持久地思考怎样活出意义和价值。

乔布斯说:"死的意义就在于让我们知道生的可贵。一个人只有在认识到自己是有死的时候,才会开始思考生命,从而大彻大悟。不再沉溺于享乐、懒散、世俗,不再沉溺于金钱、物质、名位,然后积极地去筹划与实践美丽人生。"

冉克雷维说:"提早认识死亡才会深刻人生。"

巴雷特说:"只有认知死亡,才可以树立正确、健康的价值观。"

蒙田说:"预前考虑死亡就是预先考虑自由。"

萨瓦特尔说:"认识死亡,才能更好地认识生命。"

关于活着这件事,死亡是最好的老师。

这就是我们生命教育的目的——向死而生,活出气象来,从而超越死亡!

谈论死亡是为了更好地活着

当孩子能够真正地、很严肃地面对自己的死亡,就可能活

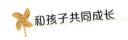

得不一样，就可能活得很认真。这就是一种新的可能性，就开辟了生的新的可能性。

当孩子开始意识到可能会懊恼、可能会有遗憾的时候，就是讨论死亡，提前预习死亡的真正目的——讨论死亡不是论死，不是为了最终的那一刻惴惴不安，惶惶不可终日，而是为了更好地活，为了不留遗憾地活，为了不枉来人世一次的活。一位绝症病人说，"因为不能再忽视死亡，于是我更加用心地活下去"，如果能把每一天都当作最后一天来过，这一生会是怎样的充实和丰富！

只有面对死的压迫，才能让活变得生动和尖锐，才会思考到底做什么才值得，借用年轻人中的一句流行语，就是活成自己喜欢的样子。

动画片《寻梦环游记》把活人到阴曹地府走一圈这样一个题材拍得让人感动。影片中说，人的一生要死三次：第一次是心脏停止跳动、呼吸消失，在生物学上宣告死亡；第二次，当你下葬，人们穿着黑衣出席你的葬礼，宣告你在这个社会上不复存在；第三次是这个世界上最后一个记得你的人把你忘记了，于是你才真正死去，整个世界都不再和你有关。动画片巧妙地提出并回答了一个问题，个体的死亡在何种意义上意味着绝对的寂灭。

《寻梦环游记》给出的答案是：死亡不是终结，如果你还被这个世界记忆和感念！

面对孩子的生命教育

针对生与死这个议题,对孩子进行适度的教育是十分必要的,因为它可以帮助孩子建立健康的态度和认知,理解生命的有限性,并学会面对丧失和悲伤。

(1)开放对话:鼓励孩子提出有关死亡和生命的问题,并给予开放、诚实的回答。避免用模糊或虚幻的说法来回答问题,而是用适当的方式向他们解释。

(2)尊重孩子的感受:理解孩子可能会对死亡有不同的情感和反应。尊重他们的感受,提供支持和安慰,帮助他们处理情绪。

(3)利用适当的资源:选择适合孩子年龄和认知水平的书籍、故事或视频,用以谈论生死等话题。这些资源可以帮助孩子更好地理解生命和死亡的概念。

(4)以正面角度看待死亡:强调死亡是生命的一部分,鼓励孩子珍惜生命中的每一刻,明白生命的宝贵。

(5)教育关于丧失和悲伤的应对:帮助孩子学会面对丧失和悲伤,鼓励他们表达情感,并提供支持和安慰。

(6)尊重中国的文化和传统:考虑到中国文化中对死亡的不同看法,尊重传统文化,并尽量在教育中融入这些因素。

(7)身体体验:通过参观纪念馆、墓地等场所,让孩子更深刻地理解生命的有限性和珍贵性。

(8)建立支持体系:如果孩子面临亲人或宠物的死亡,提

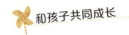
供支持和理解，并鼓励他们表达情感。

（9）做好榜样：成年人应该在处理死亡和悲伤时树立积极的榜样，以便孩子模仿和学习。

二、做自己人生的"出题人"

对于很多寻常人家的孩子来说，人生想要真正实现自我突破，达到自如、自洽的状态，需要认知并解构"做题家"的心理定势，尝试做自己人生的出题人。

"出题人"VS."做题家"

一位名校教授谈到数学备考时分享了一个小故事：①

> 我和我们学校数学系前系主任聊过一次天，20世纪70年代，恢复高考，他以数学考试第一名的极高成绩考进学校。我说你肯定是天才啊，在数学方面有极高的天赋，我想问问，你是怎么复习的，是不是题海战术啊？
>
> 他回答说我看题，不是做题。人家做了大量的题叫题海，我看了大量的题也叫题海。
>
> 我问，什么叫看题？他回答说，数学很有意思的，一

---

① 案例来源：王德峰. 复旦数学天才是如何复习的［EB/OL］.（2023－05－25）. https://www.163.com/v/video/VE4LVG6TO.html.

道题人家出好了,放在面前,我一看——出这道题,太没想象力了……

无独有偶,我曾经看到一个短视频,记者追着清华大一一名小男生问:为什么你的分数考这么高? 他说其实也没有什么,对他来说就是很轻松。然后,他又淡淡地说了一句,他从来是看题目,把自己放在一个出题人的角度去看。

直到我学了社会学之后,才知道这个小男生到底在说什么。他很小的时候就懂的事情,我却要读了很多年的书之后才领悟,还很难在真正意义上去实践。

你能感觉他考上清华,就没有怎么样努力的样子,是比较轻松、从容的。他不是"做题家"。

要知道,分数考得非常高,像那个小男生那样接近满分,靠纯粹的死记硬背能不能达到? 不可能。能够把分数考到极致,一定是有他的道理,不是说什么都靠死记硬背就能行,那得有自己的一套方法和超越性的东西在里面。

他是把自己放在一个出题人的角度去看。你想想,当你知道出题人要考查一个人什么水平和指向的时候,你的分数能不高吗?

而他们在很小的年龄就悟出了这样的道理和呈现出这样一种高度,就把自己定位在一个出题人的角度,这是一种很强的状态。

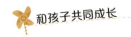

"做题家"的心理定势

我的成绩还算是不错的,但我知道我现在有什么毛病,那就是"做题家"的毛病。我从来不可能处在一个出题人的位置上,从来都是要接受被别人考,包括在工作上,从来都没有达到真正意义上的那种精神自由、从容和轻松,而是一直处在抖抖瑟瑟的状态,也就是一直处在备考的状态。

据我观察,不少学生和我一样,处在哆哆嗦嗦的备考状态——努力接近标准,而且十分努力,但是很难企及有些孩子轻轻松松就能达到的。因为"有些孩子"很小的时候就不把自己定位在"我是一个考生"的视角,而是在出题人的视角。

这并非天赋的问题,而是背后需要支持。这个支持不是大家简单理解的物质层面的支持,否则就太浅薄了。他是需要内心强大的力量,非常相信自己。我们很多人基本上不相信自己,所以会呈现出甚至在亲子关系之中,有些父母不怎么相信孩子。我们的父母怎么可能不太相信我们,为什么不相信我们?因为他们不相信自己。为什么不相信自己?因为内心从来就没有真正强大过。

像清华大学的这个小男生,他一开始就把自己定的位置定得很高,这是很不容易的。

一直在被考

回过来说,为什么许多孩子很难像那个小男生一样,很小的时候就把自己放在一个出题人的位置上？

一直处在被审视的某种状态下，被判定、被审视，随时随地在想老师会怎么评价我，老师满不满意我，家长满不满意我。你对着那个权威，一直在考虑我的表现怎么样，就一直是处在这种状态下的。

而一直处在这种状态下的人，他如何去超越？比如说今天班主任当着全班同学的面表扬他了，哪怕他脸上不表露出来，但是心里面都是乐开花。如果老师很长时间不表扬他了，其实他是压抑的，是不开心的，感觉这种重要性失去了。

而长期在这样一种状态下长大的人，他一直都在期待，都在努力，从来没有放弃过。但是，他一直在努力什么？他一直在努力对标别人的标准。

你想想看，他能成为"出题人"吗？

你唯有突破，在真正意义上突破这一点，你才能够成为自己人生的"出题人"。有一些同学会说我就没有你说的这个情况，我觉得自己一直把握自己的人生，我走自己的路让别人去说。是这样的吗？很多同学并非真正实现做自己人生"出题人"的境界，他只是放弃。其实放弃也是一种抵抗，他是自我放逐了。

而那个清华小男生在小小年纪就达到很多成年人都达不到的那种状态。这是一种非常高的自如、自洽的状态。往往只要处在这种状态，处在一个"出题人"的境界的话，你的人生就差不到哪去，而且大体上处在一个高能量场的位置。它实

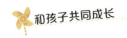

现了一种良性循环。

如何帮助孩子自我突破

帮助孩子从"做题家"转变到"出题人",其目的并不在于盼子成龙等世俗意义上的成功学,而是一个人实现"自由人"的努力和尝试。

首先,我们不妨来试一试,从试题这种非常具象的事情出发,引导孩子从"看题"而非"做题"入手。尝试理解题目背后的意图,将自己放置在出题人的角度思考问题。这种视角一是能够帮助孩子理解问题的本质,而不仅仅是应付考试题目;二是即便面对考试,也练习一种平视的视角。

其次,帮助孩子摆脱被审视的状态。长期处在被他人评价和审视的状态之下,是比较难以真正发挥自己潜力的。这种心态会使人过度关注他人的期待和评价,而不是追求真正的自我价值和目标。

再次,引导孩子超越标准和期待。"做题家"往往是为了达到某种标准而努力,但是超越自身能力的真正突破是基于理解问题的本质,把自己定位为"出题人"。只有在这种状态下,个人才能充分挖掘潜质,取得更高的成就。

最后,十分重要的是,注重孩子强大内心的营造。突破并非仅仅依赖外在的支持,更需要内心的力量和自我信念。那些在年幼时就能将自己定位为"出题人"的人,通常具备强大的内心支持,相信自己能够超越困难,从而达到更高的状态。

从小就将自己定位为"出题人",即思考问题的人,而不是被动地处于"被考"的状态,这种心态能够让人更加自如、从容地面对各种情境。从被动的"做题家"转变为积极的"出题人",需要理解问题的本质、摆脱他人的期待,培养自我信念和内心强大的力量。这种转变有助于孩子更加自如、自洽地面对生活中的各种挑战,从而收获一个令自己更加满意的自我。

深度阅读

个体能动性

阿尔弗雷德·阿德勒虽然是维也纳精神分析学派的一员,但他后来发展出自己的心理学理论,即个体心理学。

阿德勒的著作令人振奋,因为他对人类心理的理解与其他心理学家不同。他强调个人的能动性(self-efficacy)和目标导向(goal-oriented)。他认为,一个人的成长和行为是受到内在动机和目标的驱动,而不仅仅是儿时经历的局限所决定的。

儿童时期的经历和家庭环境确实对个人产生重要影响,例如,缺乏安全感的家庭环境或儿时遭遇的挫折可能导致一些心理问题和行为模式的形成。但是,阿德勒强调个人在成长过程中具有能动性,即个人的主动性和自我

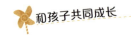

决定能力。他认为人们不只是被动地受环境和儿时经历的影响,而是能够选择自己的态度和行为,并通过设定积极的目标来完成自我实现。这种目标导向的行为可以帮助个人克服儿时的局限,并在成长过程中不断发展和成熟。

阿德勒的理论也涉及社会性。他认为个人的行为和心理问题不能脱离社会和文化的背景来理解。因此,他提倡关注个人在社会中的地位和角色,并认为个体的目标和行为是受到社会关系和社会要求的影响。

阿德勒的著作包括《个体心理学》《儿童指导的实践》《向自由之路》等,这些著作深刻地探讨了人类心理的本质和个人成长的重要性。他的理论和观点在心理学、教育学和临床实践中产生了广泛的影响。

虽然阿德勒的著作可能不如其他一些心理学家的著作广为人知,但对于理解个体的心理过程和社会关系,他的贡献是令人振奋和值得深思的。

三、电影《美丽人生》:家庭教育的至高境界

它不只是为了描述战争,战争、纳粹集中营、种族清洗只是构成一个极端的场景——极致的苦难,几乎没有任何反抗

空间的苦难。在这样的空间中,一名父亲,是如何将死灰般的命运演绎成儿子的一场游戏。

这是一种隐喻,人生本质上是一场悲剧。

而人,要有转化悲剧的能力。

价值教育＞心理技巧:家庭教育的排位

心理学如果完全抛开哲学,很多问题可能会停在"技"的层面。人的很多内心的问题,到头来,都是要回到哲学、社会学……这样讲,是什么意思?

其实全球顶级家庭教育专家,都会表达相同的意思——在孩子教育中,价值教育要占据制高点,就是教会孩子怎么看待这个世界,怎么看待人生,怎么看待自己,怎么看待父母,很大程度上就是父母自己怎么看待这个世界、怎么看待己与人,怎么度过这一生。

在我看过的电影中,有两部电影是直贯人心的,那种久久的震撼几乎从未衰减,一部是《肖申克的救赎》,一部是1997年罗伯托·贝尼尼执导的影片《美丽人生》,故事背景是第二次世界大战和纳粹迫害犹太人,但是表达的深刻性远超过如《辛德勒名单》等影片。

它不只是为了描述战争,战争、纳粹集中营、种族清洗只是构成一个极端的场景——极致的苦难,几乎没有任何反抗空间的苦难。在这样的空间中,一名父亲,是如何将死灰般的命运演绎成儿子的一场游戏。

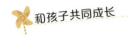

这是一种隐喻，人生本质上是一场悲剧。人生在形态和内容上亦是苦大于乐，悲多于欢，金庸极爱的以早慧闻名的儿子在自觉出"人生极苦"四个字后就了断离世……不同的人在面对苦难时的抉择是不一样的，但是窃以为，那种能够直面苦难，并将苦难转化的人，才是真正的大智大勇者。

影片中有两个镜头，必须要提。

德军溃败准备撤离，最后进行集中营的大清洗。爸爸被枪顶着，路过乔书亚藏身的柜子时，他还是一如既往地在孩子面前踢着滑稽的正步，调皮地眨着眼睛。

他在生命的最后一刻仍然尽力让儿子相信这是个游戏。

"这是个游戏，只要你赢，就能有一辆真正的坦克"，而影片最后一幕，让人破防，那个男孩真的等来了真正的坦克（盟军的坦克）。

那些将影片简单解释为"让孩子活在善意的谎言，到底是对还是错""总是保持正能量"等等观点，可能没有体会到这部电影的深邃。

人一定要有转化悲剧的能力

一位作家在谈到自己在常人看来"悲惨"的童年遭遇时这样说：①

---

① 案例来源：凤凰卫视《问答神州》栏目. 作家刘墉专访实录［EB/OL］.（2022 - 05 - 30）. https://baijiahao. baidu. com/s? id＝1734243809670048953&wfr＝spider&for＝pc.

我从来没有觉得悲观过，你看我的作品有悲观吗？我6岁的时候亲生父亲过世，我9岁的时候养父过世，我13岁的时候，我家烧成一片废墟，我从火里面跑出来连眉毛都没有了，到我16岁的时候，吐血休学……每一样都很美的！

如果苦难是不可避免的，那么消化苦难、转化苦难就是人必备的生存技能。如此，漫漫征程才能经受很大的打击而不被击垮。

就好像阿富汗那边的纪录影片里，我们看到，战乱的时候孩子们拿着树枝当作枪。那场战争对他们来说可能是一个游戏。他用这个方法来转换。同样地，我在童年，我的家整个烧出一大片空地，会长很多草，会自己长出番茄。那是因为我把番茄乱扔。于是我在那里面找到美。所以最重要，一个人碰到悲剧，你要知道转化。①

那么在养育道路上，我们如何身体力行，并且帮助孩子具备转化悲剧的能力？

可能需要做的第一步是接受苦难、正视悲剧。当我们的孩子有了一定的年龄和思考能力，我们是否考虑对他们进行

---

① 案例来源：凤凰卫视《问答神州》栏目.作家刘墉专访实录[EB/OL].（2022 - 05 - 30）. https://baijiahao.baidu.com/s? id = 1734243809670048953&wfr = spider&for = pc.

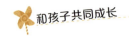

"悲剧教育"——王子和公主也许最后不会在一起,抑或王子和公主的婚后生活没有那么幸福;光明的背后可能是阴影;努力也许并非能够如愿……总之,生活的真相其实不是童话。

不过,破解童话绝非"悲剧教育"的目的,"悲剧教育"的真正目的在于第二个层面——让我们的孩子认识到生活的真相不是童话,我们接受这一现实,但是我们可以通过自我意义的构建,把我们的日子活成自己的童话。

这就是转化悲剧的日常生活主义的逻辑,也是罗曼·罗兰说的那句名言:世界上只有一种英雄主义,那就是看透了生活的真相,却依然热爱生活。

认清一切后,还有爱的能力。

家庭教育的真谛:造就日常生活主义的真正强者

诸神为了惩罚西西弗斯,要求他将一块巨石从山脚推至山顶,但每当他接近成功时,巨石又会滚落回山脚,使他的努力前功尽弃。于是他就必须不断重复、永无止境地做这件事——在神的眼里,再也没有比进行这种无效却必须周而复始、日复一日的劳作更为严厉的惩罚了。

这像不像在生活里挣扎、努力攀爬的我们的日常镜像,或许也是我们的孩子未来以及现在身处的日常镜像。我们的困境,比如虚无感、徒劳感、无意义感,也正是西西弗斯故事的核心和主题。我们的问题在于斯,我们的答案或许也在于斯——西西弗斯的努力虽然无法改变现实,但在一种反常、无尽重复的状态中，他仍然选择坚持，为了一份意义和尊严，即使他知道一切努力都注定世俗意义上的失败。

这和影片《美丽人生》的主题一样，尽管面临绝望和苦难，我们仍然能够通过内心的力量和坚持，创造出一些美好的瞬间，并赋予生命以意义："那岩石的每个颗粒，那黑暗笼罩的大山每道矿物的光芒，都成了他一人世界的组成部分，攀登山顶的拼搏本身足以充实一颗人心。应当想象西西弗斯是幸福的。"①

无论是西西弗斯的永恒徒劳，还是影片中父亲的积极态度，都在某种程度上体现了人类在逆境中的坚持和尊严。

为人父母，至高的境界就是身体力行教会孩子直面人间的惨淡，转化人生的苦难，活出自己的格局和气象来，从而造就真正的生活强者，这就是家庭教育最重要的价值内核。

正如帕斯卡尔所言：

　　人是一根芦苇，易折而脆弱；

　　人是一根会思考的芦苇，自知自己的脆弱和死亡，但追寻意义超越死亡而坚韧和高贵。

---

① 加缪.西西弗神话[M].沈志明，译.上海：上海译文出版社，2013：131.

参考文献

阿尔弗雷德·阿德勒.自卑与超越[M].杨颖,译.杭州:浙江文艺出版社,2016.

保罗娜·肖伯特.做强大而不强势的父母[M].李兴,译.北京:中信出版集团,2022:28—30,99.

布尔迪厄,J.C.帕斯隆.再生产:一种教育系统理论的要点[M].邢克超,译.北京:商务印书馆,2021.

加缪.西西弗神话[M].沈志明,译.上海:上海译文出版社,2013:131.

米歇尔·福柯.规训与惩罚[M].刘北成,杨远婴,译.北京:生活·读书·新知三联书店,2003.

卡尔·罗杰斯.个人形成论[M].杨广学,尤娜,潘福勤,译.北京:中国人民大学出版社,2004.

卡尔·罗杰斯.论人的成长[M].石孟磊,译.北京:世界图书出版公司,2015.

卡尔·罗杰斯.罗杰斯著作精粹[M].钟华,刘毅石,译.北京:中国人民大学出版社,2006.

沙法丽·萨巴瑞.父母的觉醒(1)[M].王臻,译.上海:上海社会科学院出版社,2013:31—36,135,161—165,181—185.

沙法丽·萨巴瑞.父母的觉醒(2)[M].孙璐,译.上海:上海社会科学院出版社,2020.

斯沃茨.文化与权力:布尔迪厄的社会学[M].陶东风,译.上海:上海译文出版社,2006.

琳赛·吉布森.不成熟的父母[M].魏宁,况辉,译.北京:机械工业出版社,2017:1,78,110.

琳赛·吉布森.不被父母控制的人生[M].姜帆,译.北京:机械工业出版社,2021.

罗杰·霍克.改变心理学的40项研究[M].白学军,译.北京:人民邮电出版社,2010.

苏珊·福沃德,克雷格·巴克.原生家庭[M].黄姝,王婷,译.北京:北京时代华文书局,2018.

斯科特·派克.少有人走的路[M].于海生,译.长春:吉林文史出版社,2007.

岸见一郎,古贺史健.被讨厌的勇气:"自我启发之父"阿德勒的哲学课[M].渠海霞,译.北京:机械工业出版社,2015.

多湖辉.父母的习惯 反脆弱养育[M].谢明钰,译.南京:江苏凤凰文艺出版社,2022:100—102.

简·艾布拉姆.温尼科特的语言[M].赵丞智,王晶,魏晨曦,郝伟杰,译.重庆:重庆大学出版社,2022.

布鲁斯·胡德.自我的本质[M].钱静,译.杭州:浙江人民出版社,2020.

菲利帕·佩里.真希望我父母读过这本书[M].洪慧芳,译.北京:中信出版社,2020:3,131—135,175.

亚当·斯密.道德情操论[M].北京:金城出版社,2020.

陈海贤.了不起的我[M].北京:台海出版社,2019.

丛非从.如何与指责型的人相处[EB/OL].(2020 - 12 - 29)https://new.qq.com/rain/a/20201229A0GJZO00.

梁漱溟,艾恺.这个世界会好吗[M].北京:生活·读书·新知三联书店,2015.

马迪.奥斯卡最佳动画短片《包宝宝》:别用爱吃掉孩子[EB/OL].(2019 - 3 - 2)https://baijiahao.baidu.com/s? id = 16269046920694 33486 & wfr = spider&for=pc.

沈家宏.根本停不下来[M].北京:人民邮电出版社,2021.

孙隆基.中国文化的深层结构[M].桂林:广西师范大学出版社,2011.

杨天东.每个人心中都有一只孟加拉虎[N].光明日报,2013 - 1 - 7(7).

武志红.为何家会伤人[M].北京:北京联合出版公司,2014.

武志红.拥有一个你说了算的人生[M].北京:民主与建设出版社,2019.

熊易寒.穷人心理学:社会不平等如何影响你的人生[J].比较,2015(5):34—38.

郑也夫.神似祖先[M].北京:中国青年出版社,2009:149.

朱颖婕.奥斯卡最佳动画短片奖《包宝宝》背后深意[N].文汇报,2019 - 02 - 27(58).

后记

在2017年"中国好书"的颁奖典礼上，学者金冲及先生接受主持人白岩松的访谈，谈及自己心中好书的标准。他说，一本好书首先应该是它的内容非常重要，读者需要知道，而原来并不知道，作者能够把这件事讲清楚，为读者解惑、解疑；第二是要讲得准确、深刻；第三是要让读者看得懂，能够看下去，甚而能够感动他，提升他的认知。

金先生的这段话，对我的触动很大。因此，在接受这项主编的工作任务时，我就希望能够与各位作者一起努力，从理论与实践两个层面与读者分享我们的思考；期待把有关家庭教育的理论介绍给各位家长和同学，让他们在面对困惑时能够自我找寻，自我发现，自我总结；同时，也希望通过对诸多案例的分析，唤起各位读者的共鸣，使得大家真正意识到青少年心理健康教育的重要性，进而通过共情的过程，学会处理青少年的心理问题,解决各种心理冲突。

有鉴于此,在组织书稿时,我设想这些图书充分尊重中小学生不同时期的生理心理特点,希望为孩子和家长提供心理健康建设的理论滋养和认知自我的科学路径,帮助青少年读者建立"内省—接纳—学习—纠正"的心理调节机制,从而构建强大而丰富的内心世界。目前本丛书已经顺利完成,经过出版社编辑的精心加工,即将与各位读者见面。

在此,首先要感谢上海开放大学王伯军副校长。除了这套丛书之外,王副校长主持策划了多套市民教育、家庭教育、生命教育的丛书,对上海的终身教育做出了巨大的贡献。作为这套丛书的总策划,在多次听取调研报告的基础上,王副校长最终确定了本丛书的选题结构与基础框架。其次要感谢上海开放大学非学历教育部部长王松华,他们自始至终深度参与了本丛书的策划工作。再次要感谢几位作者的大力配合,在经过多次线下、线上会议的讨论之后,她们夜以继日、埋头创作,最终以各自的作品为我们提供了有关青少年心理健康问题的深刻洞见,并在此基础上提出了心理健康问题的预防与干预方法。最后要感谢上海远东出版社的编辑团队,感谢他们为本丛书的出版提出了极具专业性的建议,付出了辛勤的劳动。

期待读者朋友们喜欢这套丛书,并能够通过亲子共读,更好地了解彼此,理解彼此,让生命之花绽放出最美的姿态。

孙 晶

2023 年秋于上海